AF215959

Bibliografische Information der Deutschen Nationalbibliothek

Die Deutsche Nationalbibliothek verzeichnet diese Publikation in der Deutschen Nationalbibliografie; detaillierte bibliografische Daten sind im Internet über http://dnb.d-nb.de abrufbar

© 2019/2020 Andrea Müller

Herstellung und Verlag
BoD – Books on Deman, Norderstedt

ISBN: 9783749482054

3 Die Geschichte der Kanarischen Inseln

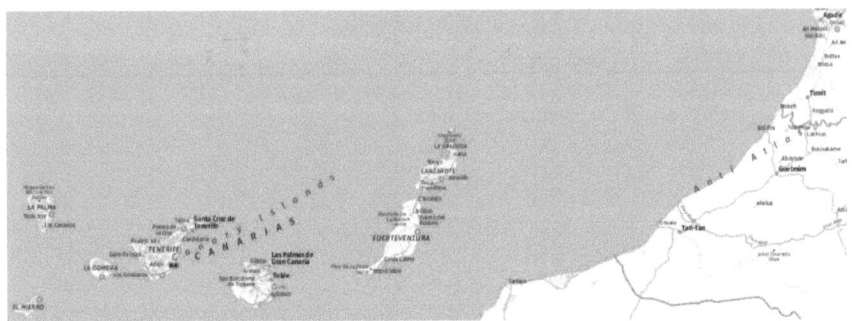

Das Archipel besteht aus den 8 Inseln La Graciosa, Lanzarote, Fuerteventura, Gran Canaria, Teneriffa, La Palma, La Gomera und El Hierro. Sie gehören politisch zu Spanien und geografisch zu Afrika.

Sie liegen 1200 km vom spanischen Festland und zwischen 100 und 500 km westlich von Marokko entfernt. Alle Inseln sind vulkanischen Ursprungs, ihr Alter nimmt von Ost nach West ab.

Vor Millionen Jahren drängten gewaltige Magmamassen durch Bruchlinien der Erdkruste nach oben, explodierten in heftigen Vulkanausbrüchen und formten mit ihren Basaltlavaströmen die Inseln. In mehreren Eruptionsschüben von unterschiedlicher Dauer und Intensität formten sie die heutigen Inselprofile.

Fuerteventura mit etwa 22. Mio. Jahren, Lanzarote und La Graciosa mit 15.5 Mio. Jahren sind die ältesten Inseln des Archipels. Gran Canaria entstand vor ca. 14.5 Mio. Jahren, Teneriffa vor 12. Mio. und La Gomera vor 11. Mio. Jahren. La Palma und El Hierro sind mit 2. bzw. 1.2 Mio. Jahren die jüngsten Kanarischen Inseln.

Die Ureinwohner stammen von nordafrikanischen Berbern ab und entwickelten auf den einzelnen Inseln, unabhängig voneinander, unterschiedliche Kulturen. Auf Lanzarote hießen sie Majos, auf Fuerteventura Majoreros, auf Gran Canaria Canarios, auf Teneriffa Guanchen, auf La Palma Benahoaritas, auf La Gomera Gomeros und auf El Hierro Bimbaches.

Sie lebten auf Steinzeitniveau in Wohnhöhlen und ernährten sich von gesammelten Pflanzen, angebautem Getreide und Hülsenfrüchten, Produkten aus der Tierhaltung, insbesondere von Ziegen und in Küstennähe von Fisch und Schalentieren.

Die Eroberung und somit die Unterwerfung der Kanaren fand zwischen den Jahren 1403 und 1496 durch die spanische Krone statt.

1 Rechtlicher Hinweis Kreuzfahrten... mal anders

Von Andrea Müller

Der Inhalt dieses Taschenbuches wurde mit größter Sorgfalt erarbeitet. Dennoch können Fehler nicht vollständig ausgeschlossen werden. Die Autorin übernimmt keine juristische Verantwortung oder irgendeine Haftung für eventuell verbliebene Fehler und deren Folgen.

Alle Warennamen werden ohne Gewährleistung der freien Verwendbarkeit benutzt und sind möglicherweise eingetragene Warenzeichen. Alle (auch personenbezogenen) Abbildungen wurden nur für diesen Reiseführer explizit erlaubt. Eine Weiterverwendung / Weitergabe ist ausdrücklich nicht erlaubt.

Das Werk einschließlich aller seiner Teile ist urheberrechtlich geschützt. Jede Verwertung - auch auszugsweise - ist nur mit Zustimmung der Autorin erlaubt. Alle Rechte vorbehalten. Kommentare und Fragen sind herzlich willkommen:

Andrea Müller, Calle Las Cuevas, 91 – A2
E- 35542 Punta Mujeres, Provinz Las Palmas, Lanzarote
Web: www.fuerteventura-mal-anders.de
mailto:ebook@lfuerteventura-mal-anders.de

4 Übersichtskarte Santa Cruz de Tenerife

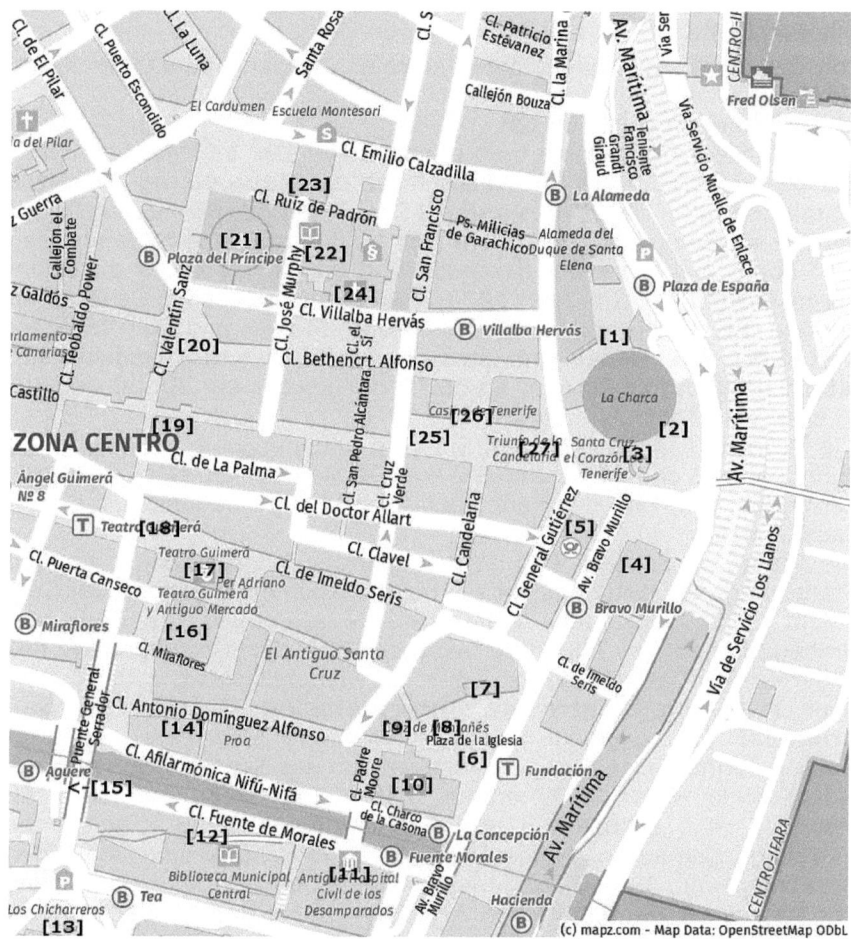

(c) mapz.com - Map Data: OpenStreetMap ODbL

5 Willkommen in der Hauptstadt Santa Cruz de Tenerife!

Sie sind jetzt im Hafen auf der größten Insel mit 2034 qkm vor Anker gegangen. Insgesamt hat Teneriffa 920.000 Einwohner, von denen 203.000 in der Hauptstadt leben.

Vom Terminal des Schiffsanlegers treffen Sie direkt auf die Hauptstraße **Avenida Marítima**. Von hier starten die Hop- On- Hop- Off Busse von City View, die Sie zum aktuellen Preis von € 22,00 für

Erwachsene, € 11,00 für Kinder nehmen können. Ein attraktives Angebot um die Stadt auch mit einer Bimmelbahn zu erkunden und wie der Name es sagt, beliebig oft ein- und auszusteigen. Um 12.00 Uhr findet ein, im Ticketpreis enthaltener, geführter Stadtrundgang von der Plaza de España, dem zentralen Ausgangspunkt der Stadt, statt.

① www.tenerifecityview.com

Möchten Sie vielleicht sofort ein erfrischendes Bad im Meer nehmen? Der bestimmt schönste Strand der Insel, die **Playa de las Teresitas** ist mit dem öffentlichen Bus in nur 15 min. von der Bushaltestelle vor dem Schiffsanleger zu erreichen. Der 1,3 km lange helle Sandstrand wird durch Wellenbrecher geschützt und macht das Baden zu einem puren Vergnügen. Im Jahr 1973 wurden 100.000 cbm Saharasand auf die Insel gebracht, um den neuen Stadtstrand zu errichten. Kostenpflichtige Liegen und Strandbuden runden das Angebot ab. 🚌 Buslinie 910, alle 20 min. ab 05.10 Uhr jeweils um 30, 50 und 10, ① www.titsa.com

Die Plaza de España erreichen Sie vom Anleger aus nach links in 10 Fußminuten. Von hier können Sie auch in die Hop- On Hop- Off Busse einsteigen, ein Taxi nehmen, oder Ihren Stadtrundgang auf eigene Faust starten.

Die **Plaza de España [1]** ist der zentrale Ausgangspunkt für den Stadtrundgang. Mittig des Platzes befindet sich ein kreisförmiger See, indem halbstündlich eine Wasserfontäne aufschießt. Im Zuge von Umbauarbeiten im Juli 2006 wurden Teile der Grundmauern des abgerissenen Castillos de San Cristóbal wiederentdeckt, sodass unter dem Platz das **Centro de Interpretación Castillo de San Cristóbal [2]** angelegt wurde, indem die Überreste besichtigt werden können. Der Zugang erfolgt seitlich des Sees in Meerrichtung. Das Castillo wurde 1577 erbaut, hatte eine Größe von 50 x 53 Metern, 4 Ecktürme und landeinwärts 8,3 m hohe Verteidigungsmauern. Ausgerüstet mit Kanonen und einer ständigen Besatzung von 30- 40 Artilleristen, spielte es bei der Verteidigung des Hafens bei den englischen Angriffen im 17. und 18. Jahrhundert durch Blake, Jennings und Nelson eine wichtige Rolle. Der Sage nach wurde im Morgengrauen des 25.07.1797 in der Nähe des Castillos eine 16 Kaliber Kanone- die sogenannte El Tigre- abgefeuert, mit welcher der rechte Unterarm von Admiral Nelson abgeschossen wurde. Die Originalkanone, die seitdem als Symbol für den Sieg über die mächtige englische Armada steht, wurde auf einer nachgebildeten Lafette aufgebaut und ausgestellt. ⊕Mo- Sa 10-18 Uhr, So geschlossen, 🍴 Eintritt frei.

Der damalige Verlauf der Grundmauern des Castillos ist im See-Richtung Stadt- mit einer schwarzen Markierung eingezeichnet.

Seitlich befindet sich das Denkmal **Monumento a los Caídos [3]** aus dem Jahr 1947, das den im Bürgerkrieg Gefallenen von Santa Cruz gewidmet ist. Es besteht aus einem 25m hohen kreuzförmigen Turm mit einer Plattform, die jedoch nicht mehr zugänglich ist. Über dem Schriftzug „Tenerife en honor a todos los que dieron su vida por España" - Teneriffa, zu Ehren aller, die ihr Leben für Spanien ließen- ist die Plastik, die einen Gefallenen in den Armen hält, ein Sinnbild für das Vaterland. Darunter verkörpert die geflügelte Frau den Sieg. Die seitlich angebrachten Reliefdarstellungen bilden Kampf und Frieden ab. Vor dem Denkmal stehen 2 überdimensional große Soldaten, die sich auf ihre Schwerter stützen. Sie symbolisieren die bürgerlichen und militärischen Werte.

Auf der linken Seite hinter dem Denkmal befindet sich das Gebäude der Inselverwaltung, dem **Cabildo de Tenerife [4]** aus dem Jahr 1940, das an seinem hohen Turm zu erkennen ist.

Rechts davon ist das Hauptpostamt, das **Edificio de Correos y Telegrafos [5]** aus dem Jahr 1946. Zwischen den Gebäuden führt die Straße Calle de Bravo Murillo im weiteren Verlauf über Bahnschienen- Achtung kreuzende Straßenbahn! - auf die kleine gepflasterte **Plaza de la Iglesia [6]**. Auf der rechten Seite, hinter den zwei großen indischen Lorbeerbäumen, befanden sich 4 Tabakfabriken. Eine davon, die Tabakfabrik Fabrica de Tabacos **La Tinerfeña [7]**, die an der Aufschrift auf den Häusern zu erkennen ist, wurde 1880 von Manuel Herrera gegründet und nutzte bereits seinerzeit die fortschrittliche Technologie, um 80.000 Zigaretten pro Stunde zu produzieren.

Neben der Plaza liegt ein kleiner, mit Gittern umzäunter Garten, an dessen Ende ein großes Marmorkreuz, das **Cruz de Montañés [8]** steht. Es wurde 1759 von Kapitän Bartolomé Antonio Méndez Montañés gestiftet und symbolisiert würdevoll den Namen der Stadt (Santa Cruz= heiliges Kreuz).

Im Gebäudeblock dahinter befindet sich das Haus der Familie Carta, **Casa de Carta** (Nr. 6) **[9]** aus der Zeit des Bürgertums. Von dem typisch kanarischen Holzbalkon konnte man damals bis zum Hafen sehen.

Besondere Beachtung ist der Kirche **Iglesia de la Concepción [10]** auf der linken Seite zu schenken. Sie wurde 1502 geweiht und ist das älteste Gotteshaus der Stadt. Erbaut in einem kanarisch- maurischen Stil wurde ihr Aussehen nach einem Brand im Jahr 1652 stark verändert. Auffällig ist der sechsstöckige Turm mit einem Glockenaufsatz aus rotem Vulkanstein. Der Zugang erfolgt über die

Hinterseite- Straße Calle Padre Moore. Der umlaufende, typisch kanarische Holzbalkon über dem Eingangsportal ist einzigartig auf den Inseln. Das Innere der fünfschiffigen Kirche ist pompös gestaltet. Neben dem Altar befindet sich das große, mit Silber beschlagene Original- Holzkreuz, das der Spanier Alonso Fernández de Lugo im Jahr 1496 nach der Eroberung der Insel hier in die Erde gerammt haben soll. ☉ täglich 9-20 Uhr

<u>Hier können Sie sich entscheiden, ob Sie die folgenden Punkte noch zusätzlich besichtigen möchten. Der Rundgang geht dann wieder von der Kirche aus weiter.</u>

Links über die Brücke Puente de El Cabo erreichen Sie direkt das Museum für Natur und Archäologie, das **Museo de la Naturaleza y Arqueología- MUNA [11]**, das in einem ehemaligen Krankenhaus untergebracht ist. In zwei Dauerausstellungen werden zu einem die geologischen, klimatischen und biologischen Verhältnisse auf den Kanaren aufgezeigt, zum anderen wird die Geschichte der kanarischen Urbevölkerung mit archäologischen Funden präsentiert. Äußerst interessant sind Werkzeuge, Kultgegenstände, Petroglyphen sowie die auf der Insel gefundenen Mumien und Mumienreste. ☉ Di- Sa 9-20, So- Mo 10-17 Uhr, 24./25./31.12, 01/06.01 und Karnevaldienstag geschlossen, ♦ Eintritt frei

Das rechts danebenliegende **Tenerife Espacio de las Artes- TEA [12]**, ist das zeitgenössische Kunst- und Kulturzentrum der Stadt. Das lange Glas- Sichtbeton- Gebäude wurde von den Schweizer Architekten Herzog& de Meuren entworfen. Auf mehr als 20.000 qm finden Dauer- und Wechselausstellungen statt. Es ist Sitz des Óscar Domínguez Instituts, das die Werke des gleichnamigen surrealistischen Malers, der auf Teneriffa geboren wurde, dauerhaft zeigt. Weiterhin befindet sich hier das Fotografiezentrum, dessen Ziel die Verbreitung und Erhaltung der fotografischen Kultur der Insel und anderer Länder ist. Der Komplex wird u.a. durch die Zentralbibliothek sowie einem großen Souvenirshop mit zertifizierten Handwerksarbeiten, der von Außen über die Plaza de La Sierra zugänglich ist, vervollständigt. ☉ Di- So 10-20 Uhr, ♦ Erwachsene €7,00, Senioren €5,00, Kinder unter 12J. und Studenten bis 26 J. frei (Ausweis erforderlich)

Gegenüber des Souvenirshops liegt die Markthalle **Mercado de Nuestra Señora de África [13]**, die im Volksmund La Recova genannt wird. Sie ist die Einkaufsadresse für verschiedenste Lebensmittel. Das altrosafarbene Gebäude ist im neoklassischen Stil gehalten und wurde 1944 eingeweiht. Ein reges buntes Treiben findet an den Ständen, die sich um einen Patio bis ins Untergeschoss drapieren, statt. ☉ täglich 7-14 Uhr. Auf der linken Seite vor dem

Eingang liegt die Skulptur eines Fischerbootes, das von zwei Männern ins Meer geschoben wird. Sie ist eine Hommage an die Chicharreos. Der Überlieferung nach stammt dieser Name aus dem 16. Jahrhundert und verweist auf die Ursprünge der Stadt als kleinen Küstenort, indem der Fischfang die wichtigste Einnahmequelle war. Links neben der Markthalle liegt unter einer Baumallee die **Rambla Azul** mit blauen Pavillons und weiteren Einkaufsmöglichkeiten.

Zurück zur Kirche Iglesia de la Concepción: Die Gebäudereihen links der Kirche in der Straße Calle Antonio Domínguez Alfonso gehörten ursprünglich armen Fischern, die ihre Häuser in den gleichen Farben wie ihre Boote anmalten, um sie einfacher wiederzuerkennen. Inzwischen sind hier die Karnevalsvereine der Insel ansässig (Haus Nr. 7, 13 und 15).

Die Straße etwas weiter hoch, Ecke Callejón del Miedo, neben Hausnummer 29, befindet sich hinter drei großen indischen Lorbeerbäumen das Haus des Schreckens, das **Casa del Miedo [14]**, indem der Karnevalsverein Asociación Cultural Mamel´s sitzt. Der Legende nach lebten hier zwei Brüder. Da einer von ihnen ständig betrunken war und torkelnd nach Hause lief, machten sich die Kinder über ihn lustig. Daraufhin stellte er abends zwei Kerzen und einen Totenschädel ins Fenster, um die Kinder zu erschrecken. Seitdem kehrte Ruhe ein...

Optional befindet sich das Karnevalsmuseum, das **Casa de Carnaval [15]**, ausgeschildert die Straße hoch, unter der Brücke durch, links. Auf mehr als 1000 qm erfahren Sie alles über das bunte Karnevalstreiben in der Hauptstadt, das nach Rio de Janeiro, der zweitgrößte der Welt ist. Das Herzstück der Dauer- und Wechselausstellung ist das pompöse und preisgekrönte Kostüm der Karnevalskönigin. ☻ täglich 9-19 Uhr, ♦ Eintritt frei, ⌂ Calle Aguere, 17

Die Straße zurück, dann links die Calzada la Noria hoch, befand sich über Eck das erste Kaufhaus der Stadt, indem heute das Bekleidungsgeschäft **Confecciones BBB**- Buenas, Bonitas, Baratas- Bekleidung BBB- gut, schön und billig, ansässig ist.

Nach links, über die Straße Calle Santo Domingo kommen Sie auf den Platz **Isla de la Madera**. Auf der linken Seite liegt das Kulturzentrum **Centro de Arte La Recova [16]**. Die Wechselausstellungen sind in einer antiken Markthalle aus dem Jahr 1851 untergebracht. Der Eingang befindet sich auf der gegenüberliegenden Seite. ☻ Di-Sa 11-13/ 17-20, So+ feiertags 11-14 Uhr, ♦ Eintritt frei

Mittig zwischen den Gebäuden steht die **Bronzeskulptur** des einheimischen Poeten und Dramatiker Ángel Guimerà y Jorge (1845-

1924), der Namensgeber des auf der rechten Seite liegenden Theaters **Teatro Guimerà [17]** ist. Es wurde auf dem Grund des abgerissenen Klosters Santo Domingo nach Plänen des ersten Provinzarchitekten Manuel de Oràa errichtet und 1851 eingeweiht. Über die Jahrhunderte wurde es mehrfach modernisiert und war bis zur Einweihung des Auditoriums der Sitz des Symphonieorchesters. Seitlich befindet sich die große Skulptur einer **Theatermaske**, dessen lachender Mund auf der Vorderseite für die Komödie, und trauriger Mund auf der Rückseite für die Tragödie steht.

Der Rundgang geht rechts an der Skulptur, über die Straßenbahnschienen, die Straße Calle Imeldo Seris links hoch, weiter. Sie treffen auf die kleine **Plaza Santo Domingo [18]** mit einem alten indischen Lorbeerbaum, einem hübschen Blumenbeet und dem Brunnen Fuente de Santo Domingo aus dem 19. Jahrhundert. Die seitliche **Bronzeskulptur** einer Wasserträgerin soll an die Frauen erinnern, die einstmals hier Wasser schöpften, um es an wohlhabende Bürger zu verkaufen.

Auf der gegenüberliegenden Straßenseite befindet sich das **Gobierno de Canarias**, das Gebäude der Inselregierung mit einer quadratischen Turmuhr über dem Eingangsportal, die ein Unikum auf den Kanaren ist.

Rechts neben dem Platz beginnt die lebhafte Einkaufstraße Calle Valentín Sanz. (Optional gelangen Sie von hier, nach links auf die Brücke Puente Serrador, die zur Markthalle Mercado de Nuestra Señora de África in ca. 5 min. führt). Nach ca. 50 m treffen Sie auf der rechten Seite auf das Bekleidungsgeschäft Mango, auf dessen Fassade **geflieste Reklametafeln [19]** angebracht sind. Die Werbungen für den Bazar, der Perfumeria und der Emulsion Scott stehen exemplarisch für alle Reklametafeln, die einstmals so, wie sie hier zu sehen sind, in der gesamten Innenstadt angebracht waren.

Weiter gerade aus, über die kreuzende Haupteinkaufsstraße Calle del Castillo, treffen Sie auf den Platz **Plaza del Chicharro [20]** mit der Bronzeskulptur El Chicharro, einem Fisch auf einer Welle, der an den inseltypischen Fisch erinnern soll der damals in Santa Cruz gefangen und verkauft wurde. Dahinter steht ein besonders schönes Exemplar eines Drachenbaums.

Sie gehen die Straße weiter hoch und sehen auf der rechten Seite den **Plaza Principe de Asturias [21]**, einen 6000 qm großen Park mit mittigem Pavillon. Ende des 17. Jahrhunderts wurde in Santa Cruz das Franziskanerkloster San Pedro de Alcántara gegründet, das im Jahr 1820 von Spanien enteignet wurde. Westlich des Klosters befand sich der Gemüsegarten. Um einen besseren Zugang zum Rathaus der Stadt, das im Klostergebäude untergebracht war, zu bekommen baute man eine Straße zwischen dem ehemaligen Kloster und dem Klostergarten. Nachdem der Gemeinderat der Stadt das Grundstück im Jahr 1857 erwarb, fertigte der Architekt Manuel de Oráa die Pläne für einen Park an. Er lies die Fläche auf das Niveau des westlichen Platzes auffüllen und legte Mauern und Treppen an. Namensgeber des Parks wurde der am 28.11.1857 geborene spanische Thronfolger, der spätere Alfonso XII. Im Jahr 1866 wurden für die Parkgestaltung indische Lorbeerbäume aus Cuba importiert, 1868 wurden auf der Westseite, dem jetzigen Eingang, zwei Marmorskulpturen aufgestellt, die Sommer und Frühling darstellen. Vor dem Pavillon, der 1930 aufgestellt wurde, steht auf der linken Seite die **Skulptur von Enrique González Bethencourt**, dem Gründer und Leiter der Karnevalsgruppe Ni Fú Ni Fá, der als Vater des Karnevals von Teneriffa gilt. Von dieser Stelle sah ihm seine Familie bei seinen Auftritten im Pavillon zu. Bereits zu Franco- Zeiten, als Karnevalsaktivitäten verboten waren, war er der bedeutendste Karnevalist, der auch auf einem Foto im Casa de Carnaval abgebildet ist.

Gönnen Sie sich auf der bestuhlten Terrasse des Kiosco El Principe eine kleine Verschnaufpause zwischen Einheimischen mit Blick auf den grünen Park. Danach gehen Sie von hier durch den Park.

Am Ostende führen Treppen direkt auf das **Museo Municipal de Bellas Artes [22]**, das Stadtmuseum der Schönen Künste, zu. Das rotbraune Gebäude mit Sandsteinsäulen und Büsten prominenter Stadtväter im Obergeschoss der Fassade wurde im klassizistischen Stil erbaut und mehrfach umgestaltet. Die Gründung des Museums geht auf das Jahr 1840 zurück. Zu jener Zeit beschloss die Stadtverwaltung, die bei dem englischen Angriff auf Santa Cruz im Jahr 1797 unter dem Kommando von Admiral Nelson zurückgelassenen Flaggen, angemessen aufzubewahren. Aktuell werden in den Räumlichkeiten verschiedene Sammlungen von niederländischen und kanarischen Malern aus dem 16.- 19. Jahrhundert ausgestellt. ☉ Di- So 10-14 Uhr 🍴 Eintritt frei ⌂ Calle José Murphy, 12

Links neben dem Museum befindet sich das pompöse türkis-gelbe Gebäude des **Círculo de Amistad XII de Enero [23]**, das zwischen 1904 und 1934 erbaut wurde und nur für Clubmitglieder zugänglich ist. ⌂ Calle Ruíz Padrón, 12

Rechts neben dem Museum, Haus Nr. 10, liegt das Pfarramt **Parroquia San Francisco**, in Haus Nr. 8 ist der Eingang zum Kloster **Convento San Pedro de Alcantara Franciscanos**, die beide jedoch nicht zugänglich sind.

Nun gehen Sie links die Straße Calle Villalba Hervas herunter und kommen umgehend auf der linken Seite zum Seiteneingang der Kirche **Iglesia de San Francisco [24]**, die der Tempel des alten Klosters war, das die Franziskaner um 1680 gründeten. Erweiterungs- und Reformarbeiten wurden im 17. und 18. Jahrhundert durchgeführt. Der ursprünglich einschiffige Tempel wurde auf drei erweitert und durch Halbkreisbögen, die sich auf rote Tuffsteinsäulen stützen, getrennt. Prachtvoll sind die drei großen vergoldeten Altarwände. Der Hauptaltar wurde 1733 geschnitzt und in den Jahren 1736 bis 1739 vergoldet. Er zählt zu einem der schönsten und interessantesten der Kanaren, da er außergewöhnlich pflanzlich und bildhaft gestaltet wurde. Die Holzdecken sind im Mudéjar- Stil gehalten und die barocken Altarbilder und Wandmalereinen stammen aus dem 18. Jahrhundert. ☉ 8-13/ 17.30- 20 Uhr. Sollte der Seiteneingang geschlossen sein, gehen Sie an der Gebäudefassade weiter runter und stoßen über Eck auf das barocke Hauptportal der Kirche. Hier schließt sich das Gerichtsgebäude der Hauptstadt, das **Tribunal de Justicia**, an.

Nun biegen Sie auf der gegenüberliegenden Straßenseite in die Calle San Francisco ein, und treffen nach der Querstraße auf die große **Plaza La Candelaria [25]**. Zu Beginn des 16. Jahrhunderts wurde das gesamte Gelände des jetzigen Platzes für Übungen der Miliz genutzt, sodass er Plaza de las Armas, übersetzt Waffenplatz, genannt wurde. Im Jahr 1579 wurde durch den Bau des Castillos San Cristóbal der Platz vom Meer getrennt, und weitere Gebäude errichtet. Aufgrund der Bedeutungszunahme des Hafens, der mit einer Mole vor dem Castillo versehen wurde, erhielt der Platz nun den Namen Plaza del Castillo und wurde zum wirtschaftlichen Mittelpunkt von Santa Cruz. Durch den Abriss des Castillos im Jahr 1929 war der Platz wieder zum Meer geöffnet, verlor aber durch die neue Anlage und Bebauung der angrenzenden Plaza de España an Bedeutung und wurde in 2008 komplett in eine Fußgängerzone umgeplant. Im oberen Teil des Platzes kommen Sie direkt auf einen kleinen **Brunnen mit Brunnenschale** zu, der 1706 errichtet wurde. Hier befand sich eine der Endstellen der Trinkwasserversorgung der Stadt und des Hafens, die über einen 12 km langen Kanal das Wasser aus dem nördlichen Anaga- Gebirge heranführte.

Auf der linken Seite, zwischen dem Bekleidungsgeschäft Zara und dem Hotel Plaza, steht der **Palacio de Carta [26]**. Das historisch bedeutende Gebäude wurde von einer der reichsten und einflussreichsten Familien der Insel zwischen 1721 und 1752 errichtet und steht seit 1947 unter Denkmalschutz. Ein schlichteres Wohnhaus der Familie Carta haben Sie auf Ihrem Rundgang neben der Kirche

Iglesia de la Concepción gesehen. Der Palacio wird aktuell von der Inselregierung restauriert und wird künftig zu besichtigen sein.

Sie gehen die Fußgängerzone Richtung Meer herunter und sehen in der linken Gebäudefassade das **Casino de Santa Cruz de Tenerife**, das 1935 erbaut wurde und seit 2006 unter Denkmalschutz steht. Hierbei handelt es sich nicht um ein öffentliches Spielcasino, sondern um einen privaten Verein zur Förderung der Kultur und Freizeitgestaltung, der ausschließlich für Mitglieder zugänglich ist.

Nun geht es dem Ende des Stadtrundgangs zu. Auf der linken Seite, oberhalb des Sees sehen Sie das Denkmal **El Triunfo de La Candelaria [27]**, das zu Ehren der Schutzheiligen der Insel, der Virgen de La Candelaria, errichtet wurde. Die Spitze des Obelisken krönt eine Marienstatue. Die Figuren, die an den Ecken des Sockels stehen, stellen die vier Fürsten der Ureinwohner der Insel- die Menceys- aus den Fürstentümern Icod, Daute, Abona und Adeje dar.

Platz für eigene Notizen...✐...

6 Übersichtskarte Plaza Weyler, Plaza de Los Patos, Parque García Sanabria

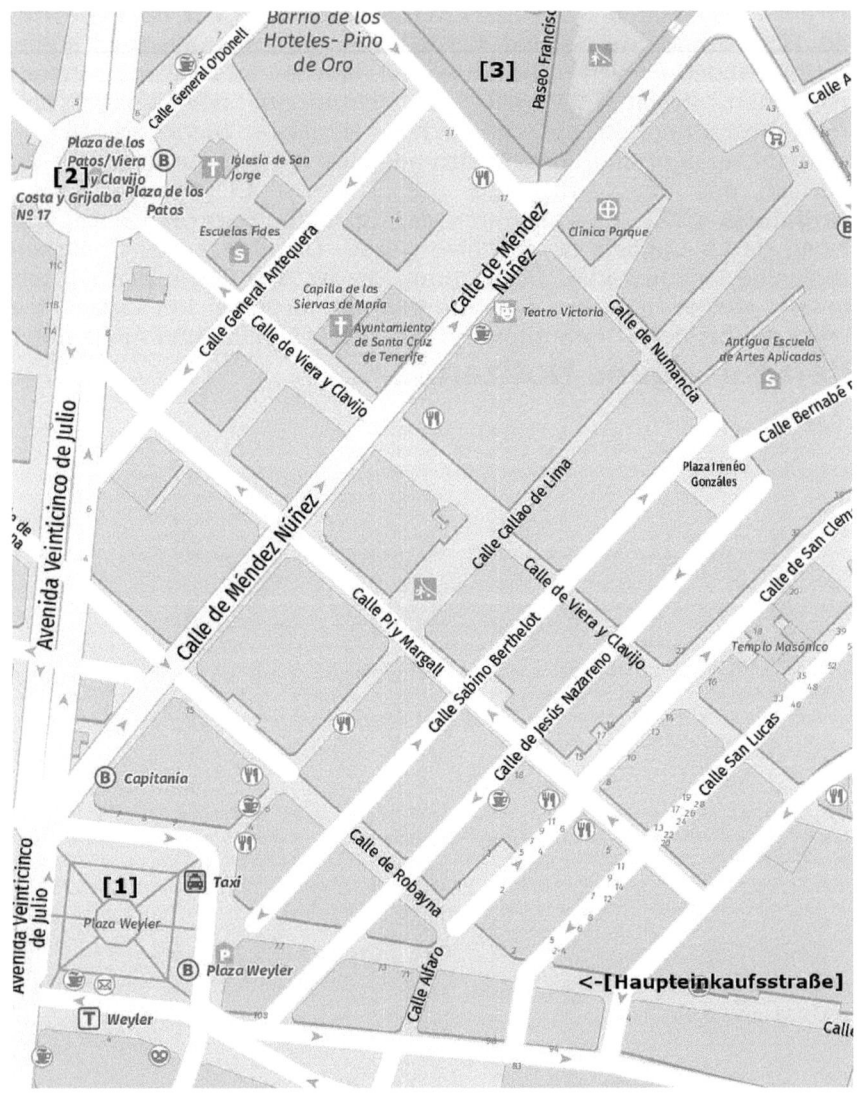

Möchten Sie einfach nur in den drei schönen Parks von Santa Cruz entspannen?

Dazu müssen Sie dann unbedingt, es ist etwas weiter zu Fuß, wird aber auf der Hop- On Hopp- Off Tour angelaufen, hierherkommen. Alternativ betragen die Kosten für ein Taxi ab dem Schiff, bzw. ab der Plaza de España maximal € 10,00 pro Strecke.

Plaza Weyler [1]

Beliebter Treffpunkt der Einheimischen ist die **Plaza Weyler**, die am Ende der Haupteinkaufstraße Calle del Castillo liegt. Sie wurde als Vorplatz für das Generalquartier mit dem Palacio de la Capitanía General de Canarias, der sich über dem Platz befindet, angelegt. Namentlich geht der Platz auf den spanischen General Valeriano Weyler, dem Generalkapitän der Kanarischen Inseln zurück. Im Mittelpunkt steht der weiße, fast 6 m hohe Marmorbrunnen aus dem Jahr 1899. An den Ecken des Brunnens sitzen Kinder mit Delfinen in den Händen, aus dessen Mäuler Wasser in darunterliegende Muschelschalen läuft.

Plaza de los Patos [2]

Die Plaza de 25 de Julio befindet sich an der Kreuzung der Avenida 25 de Julio mit der Calle Viera y Clavijo und bezieht sich namentlich auf den Angriff der Engländer auf Santa Cruz am 25.Juli 1797. Im Volksmund ist er als **Plaza de los Patos**, als Entenplatz bekannt. Er besticht durch einen großen bunt gefliesten Brunnen mit wasserspeienden grünen Keramikfröschen. Die Mitte ziert die Plastik einer Schildkröte, auf dessen Panzer ein ebenfalls wasserspeiender Vogel sitzt. Umstritten ist, ob es sich hier um eine Ente oder eine Gans handelt. Der Platz wird durch 26 bunt gekachelte Sitzbänke komplettiert.

Ursprünglich war an dieser Kreuzung kein Platz, sondern die Errichtung eines Reiterdenkmals für den aus Santa Cruz stammenden General Leopoldo O`Donnell geplant. Da die Spenden für das Denkmal nicht ausreichten wurde zunächst im Jahr 1909 ein kleiner Brunnen aufgestellt. Bei der Neugestaltung des Platzes im Jahr 1913 wurde ein Teich angelegt, auf dem manchmal Enten schwammen, was zur heutigen Bezeichnung führte. In den Folgejahren wurden Beete angelegt und indische Lorbeerbäume gepflanzt. Angeregt durch die Lateinamerikanische Ausstellung in Sevilla im Jahr 1930 beschloss der Stadtrat den Platz auf sevillianische Art neu zu gestalten und eine Kopie des Fuente de las Ranas- dem Frösche Brunnen- aus dem Park Maria Luisa in Sevilla, sowie Bänke mit Keramikfliesen aufzustellen.

Die Namen der Unternehmersponsoren wurden in die Vorderseite der Bänke eingelassen.

Parque García Sanabria [3]

Er ist mit ca. 6.7 ha der größte städtische Park der Kanarischen Inseln und wurde 2006 zum Kulturdenkmal erklärt. Namensgeber war der gleichnamige Bürgermeister, der den Bau genehmigte und in den Jahren 1924 bis 1926 die Arbeiten dank Bargeldspenden und Naturalien in Form von Pflanzenstecklingen umsetzte. Neben einer üppigen Flora aus endemischen und exotischen Pflanzen, treffen Sie auf Gedenk- und zeitgenössische Skulpturen. Besonders erwähnenswert ist das **Monumento a Santiago García Sanabiria**, dass sich im Zentrum des Parks befindet. Das Denkmal ist ein großer Springbrunnen mit unterschiedlichen Wasserstrahlen und einem Obelisken, indem mehrere in Stein gemeißelte Skulpturen stehen. Die bedeutendste ist die nackte Frau, die die Fruchtbarkeit symbolisiert.

Auch sehenswert ist die große Blumenuhr, die **Roloj de Flores**, die sich am Eingang der Straße Calle Doctor José Navieras befindet. Sie ist dauerhaft mit frischen bunten Blumen bepflanzt, hat ein Schweizer Uhrwerk der Firma Favag und wurde im Jahr 1958 vom dänischen Konsul Larsen gestiftet.

Platz für eigene Notizen...✎...

7   Übersichtskarte Auditorio de Tenerife, Cien Caras del Auditorio, Castillo de San Juan, Casa de la Pólvera, Parque Marítimo Manrique, Palmetum

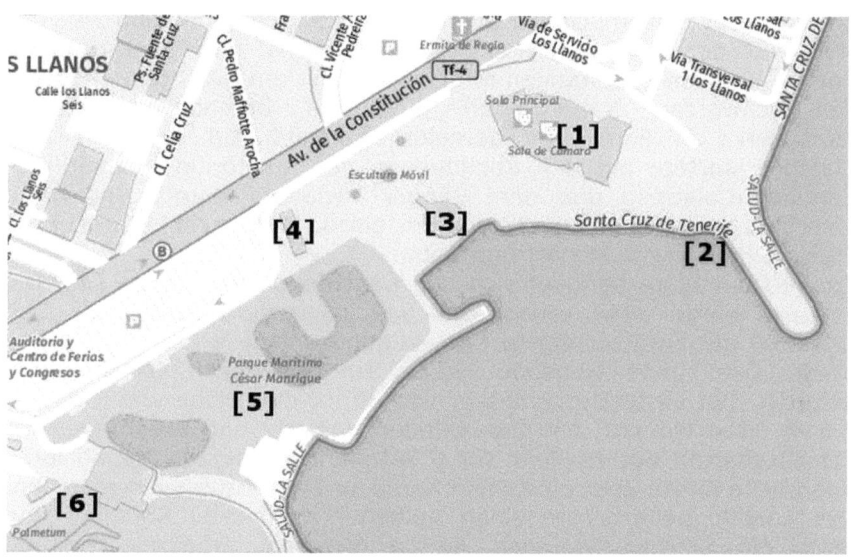

Am Ende der Hauptstadt sind **6 weitere Attraktionen** aneinandergereiht zu besichtigen, für die es sich empfiehlt ab der Plaza de España ein Taxi zu nehmen. Alternativ folgen Sie ab der Plaza de España der Hauptstraße Avenida Marítima am Meer entlang. Nach 1,5 km und ca. 20 Fußminuten erreichen Sie die Sehenswürdigkeiten.

Bereits aus der Ferne sticht das Auditorium, das **Auditorio de Tenerife [1]**, direkt ins Auge. Es ist die Kongress- und Konzerthalle der Hauptstadt, die offiziell seit 2011 Auditorio Adán Martín Menis heißt und damit den gleichnamigen Politiker ehrt. Im Jahr 1989 wurde es vom Architekten Santiago Calatrava entworfen und kostete bis zur Fertigstellung € 72 Mio. Der breite Gebäudesockel geht sichelförmig bis auf 58 m hoch und endet nach 100 m in einer Spitze über dem trapezförmigen Dach. Mit einer Gesamtfläche von 6.300 qm nimmt das Foyer 1.200 qm ein. In den zwei Veranstaltungssälen finden insgesamt 2086 Zuschauer Platz. Der über 16.000 qm große Vorplatz wird für Open- Air Veranstaltungen genutzt. In der Gesamtwirkung und durch die exponierte Lage am Meer erinnert das

Auditorium an das Opernhaus in Sydney und gehört zu den Wahrzeichen der Insel.

Unbedingt sollten Sie sich die **Cien Caras del Auditorio de Tenerife [2]**, die 100 Gesichter des Auditoriums, ansehen, die eine Kreation des bulgarischen Künstlers Stoiko Gagamor, sind. An der Mole auf der rechten Seite des Auditoriums zum angrenzenden Castillo San Juan entstanden in der Zeit zwischen 2010 und 2011 auf den schwarzen Natursteinen und den Betonblöcken kleine Kunstwerke in Form von gemalten Porträts von Musikern. Der Künstler startete mit den Abbildungen des Auditorium- Architektes Santiago Calatrava und dem Sänger Luciano Pavarotti und fügte innerhalb von 8 Monaten 98 weitere hinzu. Hierzu zählen u.a. Elvis Presley, Beethoven, Mozart und Abba.

Zur rechten Seite befindet sich das **Castillo de San Juan [3]**. Die Festung wurde 1644 erbaut und war nach dem Castillo de San Cristóbal die zweitwichtigste Verteidigungsanlage an der Küste der Stadt. Das runde Gebäude wurde aus schwarzen Basaltsteinen gefertigt, hat einen Durchmesser von 30 m, eine Höhe von 8 m und 2,5 m dicke Mauern. Mit dem offenen Vorplatz und Brüstungen für Schießscharten bot es Platz für 5 Artelleriegeschütze. Die hölzerne Zugbrücke führte über eine Steintreppe zu 2 Wachtürmen nach oben. Das Castillo beherbergte einen Aufseher, zahlreiche Soldaten und hatte ein Schießpulverlager. Es ist die best erhaltene Festung Teneriffas, aber für Besucher momentan nicht zugänglich.

Unmittelbar daneben, befindet sich das **Casa de la Pólvera [4]**, das Haus des Schießpulvers, das im Jahr 1756 erbaut wurde. In dem 10 m breiten und 30 m langen Gebäude mit Tonnengewölbe wurden bis zu 1.5 Tonnen Schießpulver, trotz Meeresnähe, trocken gelagert. Um zu verhindern, dass die Pulverkammer vom Meer aus von feindlichen Schiffen gesehen und bombardiert werden konnte, wurde im Jahr 1779 eine hohe Mauer um das Gebäude errichtet, die aktuell nicht mehr existiert. Lediglich der Gedenkstein auf der vorderen linken Seite vermittelt einen Eindruck vom ursprünglichen Mauerverlauf.

Wenn Sie nun die Treppen hochgehen, gelangen Sie zur nächsten Attraktion. Die Badelandschaft- **Parque Marítimo César Manrique [5]** zählt mit über 22.000 qm zu den Hotspots von Santa Cruz. Im strandlosen und unattraktiven Hafengebiet formte der berühmte lanzarotenische Künstler César Manrique eine einzigartige Wohlfühloase, die bis heute seines Gleichen sucht. Die großzügigen Meerwasserpools mit mittigen Inseln aus Natur- Lavasteinen nehmen fast die Hälfte der Fläche ein. Die ganzjährig betriebene Anlage ist ein pures und erfrischendes Badevergnügen für Groß und Klein, die durch Restaurants und einem kleinen Badestrand am Meer komplettiert wird. ⊕ 10-18 Uhr ♨2,50 €, Kinder unter 2 J. gratis, Liegen 2,50 € p.P., Sonnenschirm 3,00 €, weitere ⓘ www.parquemaritimosantacruz.es

Zur letzten Sehenswürdigkeit gelangen Sie nach rechts, am Parkplatz entlang, zu einem fantastischen Paradies am Rande der Großstadt. Das **Palmetum [6]** ist ein 12 Hektar großer botanischer Garten, der auf einer ehemaligen Mülldeponie der Hauptstadt entstanden ist.

Hier wächst die größte Palmensammlung Europas. Entlang der Wegführung können Sie wunderschöne Aussichtspunkte, kleine Bäche, Seen und Wasserfälle bestaunen. ⊕täglich 10-18 Uhr ♨6,00 €, Kinder bis 11 J. kostenlos, ⓘFür den ca. 1.5 Std. Rundgang können Sie an der Kasse einen Plan mit den 21 besonderen Punkten und Erklärungen zum Palmenarten für 0,50€ kaufen, oder kostenfrei die App mit allen Infos auf Ihr Smartphone herunterladen. ⌂ Avenida de la Constitución, 5, ⓘ www.palmetumtenerife.es

Platz für eigene Notizen...✐...

19

8   Übersichtskarte Puerto del Rosario Fuerteventura

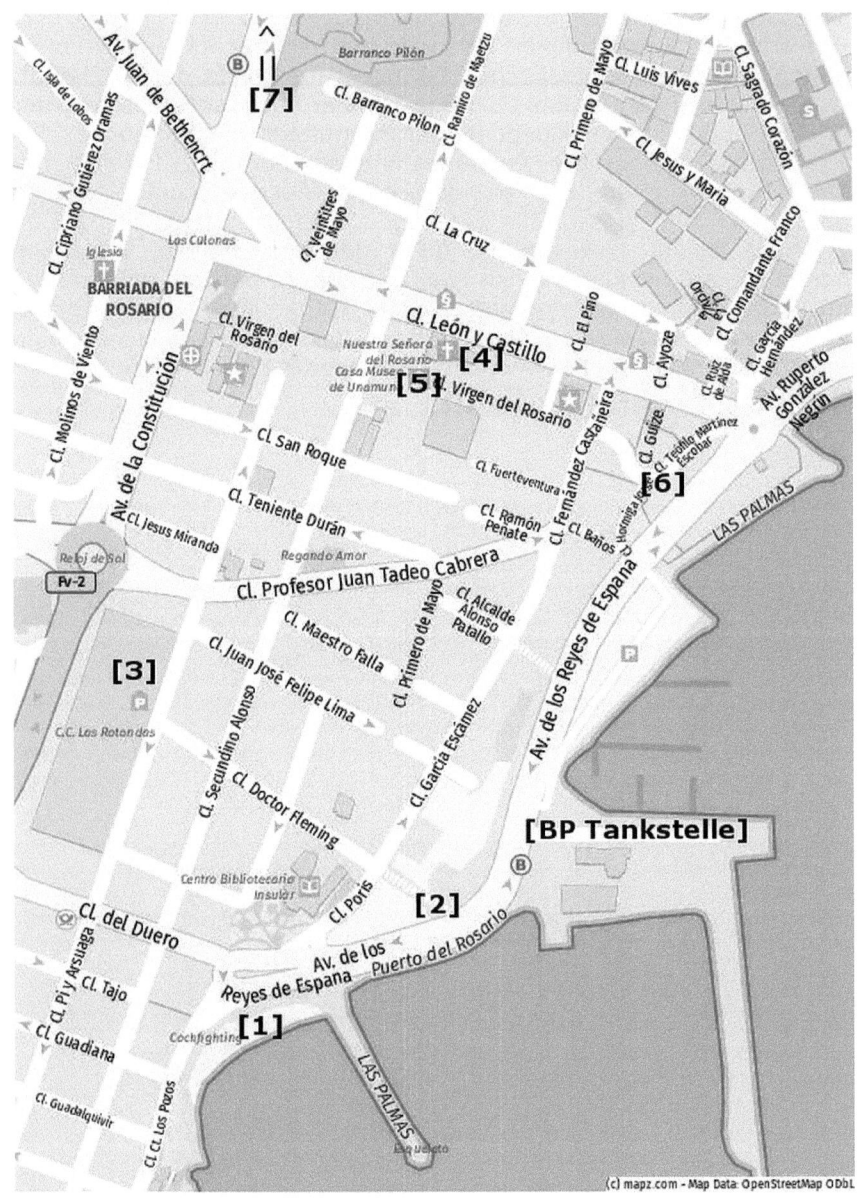

9 Willkommen in der Hauptstadt Puerto del Rosario von Fuerteventura!

Sie sind jetzt im Hafen auf der 2. größten Insel mit 1660 qkm vor Anker gegangen. Insgesamt hat Fuerteventura 115.000 Einwohner, von denen 36.000 in der Hauptstadt leben.

Über dem Anlegeplatz befindet sich das Zentrum der Hauptstadt Fuerteventuras. Als Orientierungspunkt dient die BP- Tankstelle, an der die Hauptstraße Avenida Reyes de España entlangführt.

Wenn Sie der Promenade nach links folgen, gelangen Sie direkt zum gepflegten, feinsandigen Stadtstrand **Playa Chica [1]**.

Zur **Innenstadt** gehen Sie an der BP- Tankstelle über den Zebrastreifen und dann nach links. Nach dem 2. Gebäude auf der rechten Seite kommen Sie auf einen kleinen Platz **[2]** über dem Treppen hoch zum Stadtzentrum Centro Ciudad führen. Am Ende passieren Sie die Calle García Escámez und kommen automatisch auf die Calle Dr. Flemming. Nun stehen 2 Optionen zur Wahl: Wenn Sie die Straße weitergehen, treffen Sie am Ende auf das größte Einkaufszentrum Fuerteventuras, das **Centro Comercial Las Rotondas [3]**. ✹Mo- Sa 10-20 Uhr, So geschlossen ① Alle Infos zu den aktuellen Marken- Geschäften unter: www.lasrotondascentrocomercial.com

Wenn Sie die erste Straße nach rechts gehen, beginnt die Calle Primero Mayo, die vor der Eröffnung des Einkaufscenters die pulsierende Schlagader der Hauptstadt war. Nahezu alle Geschäfte wurden schlossen und zogen in das neue Center um, sodass man in der kreuzfahrtfreien Zeit auf eine fast menschenleere Fußgängerzone trifft, in der nur noch auf einige Cafes geöffnet sind.

Kurz vor Ende der Avenida, an der Einmündung Calle Virgen del Rosario, befindet sich das **Cabildo**, das Rathaus der Stadt, vor dem ein Souvenir- Pavillon mit inseltypischen Mitbringseln aufgestellt ist. ✹Mo- Fr 10.15- 13.30, 17.30- 20 Uhr

Dahinter liegt die Pfarrkirche **Nuestra Señora del Rosario [4]**. Sie wurde im Jahr 1812 errichtet und war das erste religiöse Gebäude im Stadtkern der Insel. Es handelte sich um ein kleines Gebetshaus, das der Jungfrau El Rosario gewidmet ist. In den Jahren 1824- 1835 wurde der zentral stehende Glockenturm hinzugefügt, der heute in die Ostfassade integriert ist. Auffällig sind am Hauptportal die schmiedeeisernen, verzierten Gitter. In der Mitte des Hochaltars befindet sich die Patronin der Kirche mit dem Jesuskind auf dem Arm.

In der Häuserzeile links neben der Kirche befindet sich das Museum **Casa Museo Unamuno [5]**. Das Gebäude wurde 1877 in das Bestandverzeichnis des Grundbuchs von Puerto de Cabras

(Ziegenhafen), dem ursprünglichen Namen von Puerto del Rosario, eingetragen. Damals war es ein kleines Gästehaus, das unter dem Namen „ Hotel Fuerteventura" geführt wurde, indem der spanische Schriftsteller Miguel de Unamuno während seines Exils 5 Monate auf der Insel lebte. Das Museum ist ein Zeugnis typischer Architektur kanarischer Wohnhäuser aus jener Zeit.

⊕täglich 9-14 Uhr, ▲Eintritt frei, ⓘZusatzinformation: Miguel de Unamuno war Professor und Rektor der spanischen Universität in Salamanca. Aufgrund von kritischen Äußerungen gegenüber dem Regime wurde er am 12. März 1924 vom damaligen Staatschef nach Fuerteventura verbannt. Er lebte 5 Monate auf der Insel im Exil, freundete sich mich den Einwohnern an und schrieb seine Eindrücke über Fuerteventura nieder, die in Tageszeitungen in Madrid, Buenos Aires und Gran Canaria veröffentlicht wurden. Danach floh er freiwillig nach Frankreich, um seinen Kampf außerhalb Spaniens gegen die Diktatur aufzunehmen. Die Inselregierung setzte ihm zu seinem 100. Geburtstag ein Denkmal auf den Montaña Quemada, das sich unweit des Dorfes Tindaya befindet.

In der Stadt können Sie 2 Lebensmittel- Wochenmärkte besichtigen:

Mercado Municipal [6]: Wenn Sie die Calle Primero de Mayo bis zum Ende gehen, treffen Sie auf die Calle Léon y Catillo, der Sie nach rechts- Richtung Meer- folgen. Vor dem Kreisverkehr gehen Sie nach rechts in die Calle Teófilo Martínez Escobar und folgen dem Straßenverlauf, bis Sie auf der linken Seite die kleine Markthalle Mercado Municipal sehen. Die Händler bieten eine Auswahl an Obst, Gemüse, Fleisch, Fisch und Ziegenkäse an. ⊕ Mo-Fr 7-13 Uhr ⓘ Besuchen Sie diesen kleinen Markt mit den freundlichen Verkäufern, solange es noch möglich ist. Aufgrund eines geringen Besucheraufkommens, könnte es absehbar sein, dass diese kleine Markthalle nicht mehr dauerhaft existieren wird.

Mercado Agrario de Fuerteventura [7]: Am Ende der Calle de Primero Mayo gehen Sie nach links in die Calle Léon y Castillo, der Sie nach links folgen. Sie treffen auf einen Kreisverkehr und die Hauptstraße Avenida La Constitución, der Sie nach rechts folgen. Vor dem 2. Kreisverkehr der nach rechts in die Avenida Diego Miller führt, liegt das Gebäude des zentralen Busbahnhofes **Estación de Guagas,** indem sich in der oberen Etage der Markt befindet. Angeboten werden hausgemachte Produkte und regionale Lebensmittel. ⊕ Sa 8-14 Uhr

ⓘDas könnte Sie auch noch interessieren: Beim Flanieren entlang der Strandpromenade treffen Sie auf viele Skulpturen einheimischer Künstler. In der Innenstadt richten Sie ihren Blick auf die Graffiti-

Kunst an alten Wohngebäuden. Im Januar 2011 beschloss das Planungsamt verkommene Gebäudefassaden der Hauptstadt verschönern zu lassen. Nach Rücksprache mit Eigentümern wurde 2015 der Concurso de Arte Urbano de Puerto de Rosario, ein Wettbewerb für die künstlerische Gestaltung, ausgeschrieben. Inzwischen durften sich mehr als 36 Künstler mit ihren Werken auf Hauswänden verwirklichen. Aufgrund positiver Feedbacks seitens Insulaner und Touristen wird dieses Projekt fortgesetzt.

Platz für eigene Notizen...✐...

10   Übersichtskarte Las Palmas de Gran Canaria Zentrum

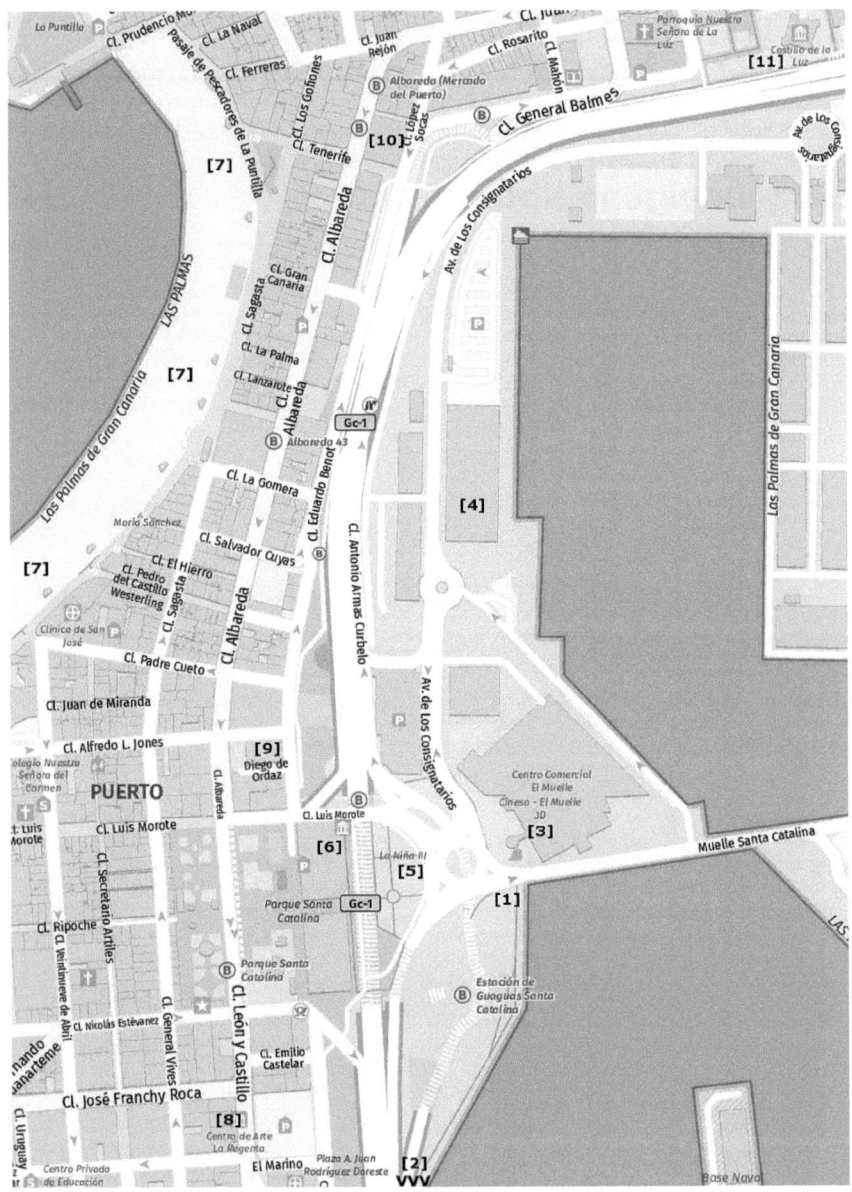

11 Willkommen in der Hauptstadt Las Palmas de Gran Canaria!

Sie sind jetzt im Hafen auf der 3. größten Insel mit 1560 qkm vor Anker gegangen. Insgesamt hat Gran Canaria 857.000 Einwohner, von denen 378.000 in der Hauptstadt leben.

Genießen Sie Ihren Landgang und profitieren Sie von den vielen Möglichkeiten die **Las Palmas** und die Altstadt **La Vegueta** zu bieten hat. Leider müssen Sie sich entscheiden, ob Sie direkt in Las Palmas die Großstadt unsicher machen möchten und ein Bad im Meer des atlantischen Ozeans nehmen, oder lieber das Herz der geschichtsträchtigen Altstadt La Vegueta erkunden möchten.

Vom Schiffsanleger gehen Sie die Muelle Santa Catalina Richtung Stadt hoch. Auf der linken Seite liegt die kleine Box der Touristeninformation **[1]**, vor der die Hop-On Hop- Off Busse starten.

Optional können Sie sich von hier zur **Playa de Las Alcaravaneras [2]** aufmachen, die in 15 Fußminuten nach ca. 1 km zu erreichen ist. Nach dem Stadtstrand Playa de Las Canteras (10 min./ 850 m) ist die Playa de Las Alcaravaneras der zweit besuchteste Strand Las Palmas. Zu dem 550 m langen hellbraunen Feinsandstrand gehen Sie links an der Touristeninformation vorbei und folgen dem Fußweg an der Mole weiter nach links entlang der Hauptstraße Calle General Balmes, die in die Calle León y Castillo übergeht und zum Jachtclub Real Club Náutico de Gran Canaria führt. Danach beginnt der Strand mit Strandaufsicht, kostenfreien Umkleiden, Duschen und Toiletten. Der geschützte Strand ist besonders für Kinder geeignet.

Gegenüber der Touristeninformation befindet sich das große Einkaufscenter, das **Centro Comercial El Muelle [3]**. ①Alle Geschäfte und Restaurants unter www.ccelmuelle.es ⊛Mo-Sa 10- 22 Uhr, So. sind nur die Restaurants ab 12.00 Uhr geöffnet.

Um zum **Aquarium Poema del Mar [4]**zu gelangen, gehen Sie rechts vor dem Einkaufscenter vorbei und folgen dem Straßenverlauf. Es ist eines der spektakulärsten Aquarien der Welt und wurde im Dezember 2017 auf einer Fläche von 12.500 qm eröffnet. Zu sehen sind mehr als 350 exotische und einheimische Tierarten. Die Hauptattraktion ist das riesige Aquarium mit der größten, je gebauten gerundeten Scheibe. Sie wiegt über 140 Tonnen, ist 35 m breit und hat ein Fassungsvermögen von 5,5 Millionen Litern. ⊛Täglich 9- 18 Uhr ⚱ Erwachsene: € 25,00, Kinder unter 4 Jahren frei, von 4 bis 11 Jahren € 17,50 ⌂ Muelle de Sanapú

Um ins Stadtzentrum zu kommen, überqueren Sie die Straße rechts neben dem Einkaufscenter und folgen dem Straßenverlauf. Auf der linken Seite sehen Sie auf einer Grünfläche das ins Erdreich eingelassene Segelschiff **La Carabela III [5]**. Es ist ein historischer, originalgetreuer Nachbau aus dem Jahr 1992 und eins von 3 Schiffen, mit dem sich Christoph Columbus im Jahr 1492 auf seine erste Reise begab, um die Neue Welt zu entdecken. Die Rekonstruktion erfolgte durch den spanischen Kapitän Carlos Etayo Elizondo, der nach langjährigen Studien diese Karavelle in nordspanischen Pontevedra bauen lies.

Zu Ehren der 500- jährigen Entdeckung Amerikas segelte die Carabela III von Huelva mit 13 Besatzungsmitgliedern, 3 davon aus Gran Canaria, zunächst nach Las Palmas. Um die Seereise über den Atlantik getreu nachzustellen, wurde auch die Insel La Gomera passiert. Die erfolgreiche Durchführung wurde bis heute nicht erneut realisiert.

Nach dieser Reise wurde das Schiff von der Inselregierung und der Stiftung Fundación Mapfre Guanarteme gekauft und im Hafen El Muelle Deportivo de Las Palmas festgemacht. Für seine letzte Reise begab sich die Carabela III nach Portugal zur EXPO 98 und zurück.

ⓘ Übrigens: Christoph Columbus brach mit 3 Schiffen, der Carabela III, die Niña 3 genannt wird, sowie der Santa Maria und der Carabela Pinta in die Neue Welt auf. Totale Schiffslänge: 17,30 m, Breite: 4,12 m, Höhe vom Kiel bis zur Front: 1,73 m, Leergewicht: 36,31 Tonnen, mittlerer Tiefgang: 1,2 m, Tiefgang Bug: 0,9 m, Tiefgang Heck: 1,5 m

Dahinter befindet sich das dreistöckige Wirtschafts- und Technologiemuseum **Museo Elder [6]**. Es ist in einer ehemaligen Halle für Schiffsgüter aus dem 19. Jahrhundert untergebracht und zählt zu den wichtigsten Museen der Hauptstadt. Geboten werden eine Vielzahl von Themenbereichen von Mathematik bis Physik, Kunst, Biologie und Ingenieurwesen. So können Sie Sinneserlebnisse wie Flugsimulator, Planetarium, 3D- Kino und weitere Aktivitäten ausprobieren. ⊙Täglich 9- 18 Uhr ₰€ 6,00, Kinder unter 6 Jahren gratis ⓘ Ein kostenloser Audioguide wird für das Smartphone angeboten (Kopfhörer nicht vergessen!). Das Ticket ist ganztägig gültig, sodass Sie ein- und austreten können.

Rechts neben dem Museum Elder führt die Calle Luis Marote in ca. 10 Fußminuten direkt auf den Stadtstrand **Playa de las Canteras [7]** zu.

Zu den Sehenswürdigkeiten Las Palmas zählt der über 3 km lange feinsandige Stadtstrand, der von den Einwohnern als die „bañera grande" - die große Badewanne, bezeichnet wird. Sonnen und baden ist ganzjährlich möglich, Sonnenliegen und Schirme stehen kostenpflichtig zur Verfügung. An der langen Promenade laden unzählige Restaurants zum Verbleiben ein.

Als Strandalternative bieten sich 2 weitere Möglichkeiten an.

1. Option: Rechts neben dem Museum gehen Sie von der Calle Luis Marote die 1. Straße links in die Calle Albareda, die durch den Parque Santa Catalina mit zahlreichen Cafés und Bars, führt. Am Ende des Parks geht diese in die Calle Léon y Castillo über, der Sie weiter folgen, bis Sie auf der rechten Seite auf das Museum **La Regenta [8]** kommen. Im Gebäude einer ehemaligen Tabakfabrik, die zu Beginn des 20. Jahrhunderts gebaut wurde, befinden sich Wechselausstellungen moderner Künstler. ☻ Di- Fr 10- 14/ 17- 21Uhr, Sa 10-14 Uhr, So, Mo, Fei geschlossen 🍴 Eintritt frei ⌂ Calle León y Castillo, 427 ① Aktuelle Ausstellungen unter www.laregenta.org

2. Option: Sie gehen rechts vom Museum von der Calle Luis Marote in die Calle Eduardo Benot und treffen auf der linken Seite auf das auffällige **Hotel AC Gran Canaria [9]**. Das in den 1967-jahren erbaute Hotel ist eines der markantesten Punkte in der Umgebung des Parque Santa Catalina. Den Grundriss bildet ein Hexagon mit jeweils 16 Balkonen auf 26 Etagen. In der 23. Etage befindet sich ein öffentlich zugängliches Café, das einen fantastischen Ausblick über die Hauptstadt bietet. 🍴 Eintritt frei ⌂ Calle Eduardo Benot 3,5 ① Vom Hoteleingang kommen Sie direkt auf den Lift zu.

Um authentische Tapas in einer Markthalle zu probieren, folgen Sie dem Straßenverlauf und kommen nach 650 m zum **Mercado del Puerto [10]**. Es ist die Markthalle des Hafens, in der an 28 Ständen neben Fleisch, Fisch, Käse, Obst und Gemüse, auch inseltypische Tapas und Pinchos angeboten werden. ☻Täglich ab 7.30- 00.00 Uhr ⌂ Calle Albareda, 76

Nach der Markthalle gehen Sie rechts in die Calle Poeta Agustin Millares Sall, die in die Straße Plaza Nuestra Señora de la Luz übergeht. Sie folgen dem Straßenverlauf und kommen auf einen umzäunten Park mit dem **Castillo de la Luz [11]**. Das Castillo war die erste Hafenfestung, die im 16. Jahrhundert erbaut wurde und Las Palmas vor Piratenangriffen erfolgreich schützte. 1969 wurde die Burg neu aufgebaut und zum Kulturgut erklärt. 2014 wurde das Museum vom spanischen König Felipe mit seiner Frau Letizia eingeweiht. Seit 2015 befindet sich die Fundación de Arte y Pensamiento, die Stiftung und Ausstellung des Künstlers Martín Chirino, im Gebäude.

☻ Di-So 10-19 Uhr 🍴 € 4,00 ⌂ Calle Juan Rejón s/n

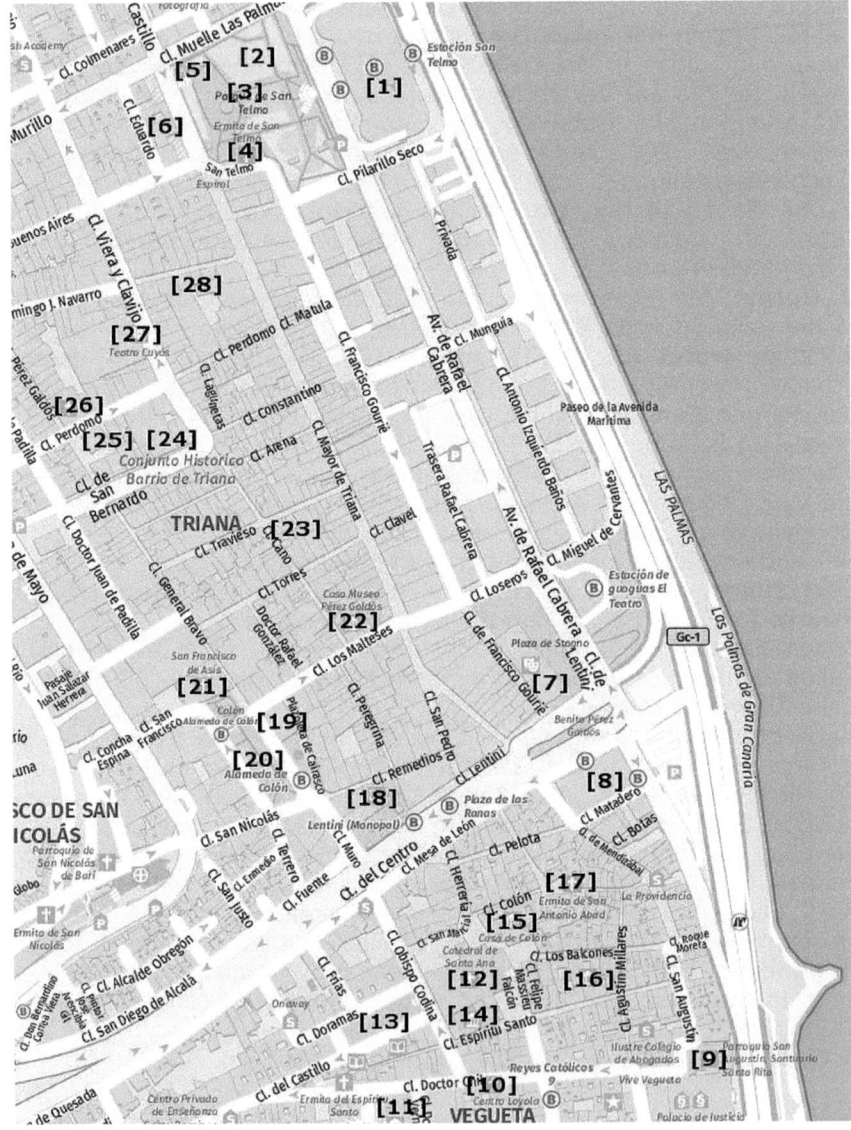

13 Altstadtrundgang- Erkundigungstour Vegueta

Als der spanische Eroberer Juan Rejón am 24.06.1478 mit einer Herrschaft von 600 Soldaten an der Küste vor La Isleta vor Anker ging, traf er nur auf Vulkangestein und Sanddünen, sodass er mit seinem Heer weiter nach Süden zog. Am damaligen Fluss Barranco de Guiniguada, der heutzutage nur noch nach heftigen Regen Wasser führt, gründete der Eroberer nach der Unterwerfung der Ureinwohner eine Siedlung unter Palmen, die zur ursprünglichen Namensgebung der Hauptstadt- Ciudad Real de Las Palmas- Stadt der Palmen- führte. Las Palmas war somit die erste Kolonialstadt Spaniens.

Der Rundgang beginnt am Hauptbusbahnhof in San Telmo, an der **Estación de Guagas de San Telmo**, die auf 4 Weisen erreicht werden kann.

1. Möglichkeit: Vom Schiffsanleger gehen Sie die Muelle Santa Catalina Richtung Stadt. Auf der linken Seite liegt die kleine Box der Touristeninformation, vor der die Hop-On Hop- Off Busse starten. Nun gehen Sie nach links und kommen auf einen großen Platz, der von einem dreieckförmigen Sonnensegel überdacht ist. Darunter befindet sich der zentrale Busbahnhof der Stadt.

Sie fahren mit dem Aufzug, der sich in der linken Glasbox befindet zur darunterliegenden Busbahnstation, oder nehmen das weiter rechts liegende Treppenhaus. Die Buslinien 30 und 91 fahren alle 10- 15 min. zur Estación de Guagas de San Telmo. Die Fahrtdauer beträgt 15 min., die Tickets in Höhe von € 1,40 können Sie direkt beim Busfahrer kaufen. ❶weitere Informationen unter www.guaguasglobal.com

2. Möglichkeit: Mit einem Taxi lassen Sie sich in ca. 15 min. zur Altstadt Vegueta (gesprochen Wegeta) bringen. Die Fahrtstrecke kostet ca. € 10.00. Der Taxistand liegt rechts, am Einkaufszentrum El Muelle. Sie können nun, je nach Fahrziel, auch zum Busbahnhof Estación de Guagas de San Telmo, der Markthalle Mercado de Vegueta, oder der Kathedrale Catedral Basílica de Santa Ana sich bringen lassen und mit dem Altstadtrundgang beginnen.

3. Möglichkeit: Der Hop-on Hop- Off Bus bietet eine schöne Stadtrundfahrt an, hält auch in Vegueta für einen kleinen kostenlosen, englisch geführten Altstadtrundgang. Mit einem Preis von aktuell € 28.00 pro Person, ist diese Busfahrt, nur um zur Vegueta zu kommen, kostspielig.

4. Möglichkeit: Vom Schiffsanleger kommen Sie auf die kleine Box der Touristeninformation zu, von der Sie links herunter, der Küstenstraße folgen. Nach ca. 5 km Fußweg treffen Sie auf die damalige Inselhauptstadt La Vuegeta, in der das Leben im Stadtteil Triana pulsiert.

Die Guiniguada- Schlucht, durch die heute die Straße GC- 5 läuft , teilt die Gründerstadt in 2 Teile: In Vegueta befanden sich die großen Stadthäuser, Kirchen und Regierungsgebäude, in Triana traf man auf Häusern von Kaufleuten, der Mittelklasse und Arbeitern, die größtenteils aus Andalusien kamen, sowie auf große Gärten und kleineren, religiösen Gebäuden. Triana war der Teil des historischen Zentrums, der sich im Laufe der Jahrhunderte am stärksten veränderte und Ausgangspunkt der ersten städtischen Expansion mit Plätzen, kulturellen Einrichtungen und modernen Gebäuden, die die Kolonialarchitektur weit übertrafen.

An der Busstation **Estación de Guagas de San Telmo [1]** überqueren Sie landeinwärts die Avenida Rafael Cabrera, über der sich der Park **Parque de San Telmo [2]** befindet. Über Jahrhunderte kennzeichnete dieser Platz das Ende der Stadt und den Beginn des Hafengebietes. Im Zuge der Stadterweiterung wurden die Hafentätigkeiten eingestellt, der Platz zu einem kleinen Park umgestaltet, der als Bindeglied zwischen der Altstadt Vegueta und dem neuen Stadtteil Triana diente.

Den zentralen Punkt des Platzes bildet der **Kiosko de la Música [3]**, ein pittoresker Pavillon, in und vor dem gelegentlich Musikveranstaltungen stattfinden.

Links vom Platz befindet sich die **Ermita de San Telmo [4]**. Die Kapelle stammt aus dem 17. Jahrhundert und ist eines der ältesten Gebäude der Stadt. Sie zählt mit seinen Altarbildern und der aufwendigen Mudéjar- Holzdecke zu den schönsten des Archipels.

Dahinter liegt in einem kleinen Pavillon die Touristeninformation **Punto de Información Turistica**, indem u.a. auch Stadtpläne bereitliegen. ❂Mo-So 9-14Uhr, am 25.12/ 01.01 und 06.01 geschlossen. ⓘ Alternativ können Sie die Stadtpläne unter www.LPAvisit.com runterladen.

Rechts des Platzes befindet sich der **Kiosko Modernista [5]**, ein im Jugendstil erbauter Kiosk, der 1924 in Valencia in seine Einzelteile zerlegt wurde und auf dem Platz wiederaufgebaut wurde.   Die Canarios treffen sich hier, um auf der lebhaften Terrasse vor dem Kiosk, ein Café zu trinken und das bunte Treiben auf dem Platz zu beobachten.

Oberhalb des Platzes befindet sich das **Gobierno Militar [6]**, indem die Militärregierung ihren Sitz hat. Von hier führt in Längsrichtung, nach links, in die Straße Calle Mayor de Triana, die Einkaufsstraße des Viertels.

„Trinear"- in Triana shoppen zu gehen, mit Fachgeschäften, Restaurants und Bars, zählt zu den beliebtesten Freizeitbeschäftigungen der Einwohner.

Die Straße gabelt sich am Ende in die Calle San Pedro und in die Calle Mendizábal. Nun folgen Sie der linken Gabelung (Mendizábal) und treffen am Ende auf der linken Seite auf das **Teatro Peréz Galdos [7]**. Es ist das bedeutendste Theater der Hauptstadt und seit der Komplettrenovierung im Jahr 2007 eines der modernsten Spaniens. Erst Mitte des 19. Jahrhunderts wurde das erste Theater unter dem Namen Teatro Cairasco errichtet, das jedoch bei einem Großbrand im Jahr 1918 zerstört und 1921 wiederaufgebaut wurde. Die endgültige Fertigstellung erfolgte 1928 durch Miguel Martín-Fernández de la Torre, der seinen Bruder Nestór, den wichtigsten Maler der Kanarischen Inseln, für die Innengestaltung gewann. Das pompöse Theater hat 1007 Sitzplätze und das hochfahrbare Orchester ist für 88 Musiker ausgelegt. ① Geführte 1- stündige Touren durch die Räumlichkeiten finden auf Englisch und Spanisch statt. ☉ Mo-Fr 10.15/ 11.15/ 12.15 Uhr ♟5€, der Ticketschalter befindet sich rechts neben dem Haupteingang in einem Betonklotz mit der Aufschrift Taquillas.

Auf der gegenüberliegenden Seite des Theaters liegt der **Mercado de Vegueta [8]**, zudem Sie die 4- spurige Schnellstraße überqueren. Hinter der rotbraunen Fassade mit grünen Türen befindet sich der Markt von Vegueta, auf dem frische Inselprodukte angeboten werden. Es ist die erste Markthalle der Stadt, die 1787 eröffnet wurde. ☉ Mo-Do 6.30-14 Uhr, Fr-Sa 6.30-15 Uhr, sonntags geschlossen.

Sie folgen dem Straßenverlauf der Calle Mendizábal, kommen am Ende auf die Calle Montesdeoca, gehen dann links in die Calle Agustín Millares und gelangen dann am Ende zur **Iglesia de San Agustín [9]**.Die Kirche trägt ihren Ursprung in der einfachen Einsiedelei, der Ermita de la Vera Cruz aus dem Jahr 1524. Sie wurde als Dank für eine überstandene Epidemie, die die Insel heimsuchte, von der Stadtverwaltung erbaut. Gewidmet wurde sie Cristo de la Vera Cruz- dem gekreuzigtem Jesus Christus, dem Schutzpatron der Stadt. Nach mehrfachen Umbauten wurde sie zur Hauptpfarrkirche Las Palmas und der Insel. Sehenswert sind: Der blaue Schrein über dem Altar mit dem Santísimo Cristo de la Vera Cruz. Die Heiligenstatue Virgen de los Dolores, der schmerzerfüllten Jungfrau Maria, die auch als „La Genovesa" bekannt ist, da sie in der italienischen Stadt Genua im Jahr 1747 gefertigt wurde. Die Heiligenstatue der Nuestra Señora del Carmen, der Jungfrau Maria mit dem Jesuskind auf dem Arm, stammt aus dem Jahr 1815 und ist die meist verehrte Heilige in Vegueta.

Die Kirche grenzt an den **Palacio de Justicia**, dem Justizpalast, dessen Eingang sich unter den hohen Glockenturm aus Vulkangestein und umlaufendem Holzbalkon befindet. Nun biegen Sie rechts in die Calle Doctor Chil, mit gepflegten historischen Bauten mit typisch kanarischen Holzbalkonen, ein. Im weiteren Verlauf sehen Sie auf der linken Seite die **Iglesia de San Francisco de Borja [10]**, die Heilige Franz von Borja Kirche, die nur zu Messezeiten geöffnet ist. Sie zeichnet sich durch ein aufwendig gearbeitetes Eingangsportal mit seitlich gedrehten Säulen und einem gesprengten Giebeldreieck aus und repräsentiert die Hochfase der religiösen Barockarchitektur auf den Kanaren. Nach 30 Jahren Bauzeit wurde sie am 25.02.1754 feierlich eingeweiht. ☻Mo-Sa 12.30 Uhr, So+feiertags 11 Uhr

Die Straße weiter hoch, auf der Ecke Calle Dr. Verneau, befindet sich auf der linken Seite das **Museo Canario [11]**, das Kanarische Museum mit dem Bild eines Totenkopfschädels auf der Eckfassade. Es wurde 1879 in Las Palmas gegründet und ist das bedeutendste archäologische Museum der Kanarischen Inseln mit den vollständigsten Sammlungen über das Volk der Ureinwohner Gran Canarias. Besonders interessant sind die Ausstellung mehrerer Mumien und Schädel, sowie die Keramiksammlung mit Tongefäßen, die mit geometrischen Motiven geprägt ist. ☻ Mo-Fr 10-20 Uhr, Sa-So+feiertags 10-14 Uhr, 25.12/ 01.01 geschlossen ▮€5,00, Kinder bis 12 Jahre frei ① Für den kostenfreien Audioguide muss ein Ausweisdokument hinterlegt werden.

Zurück die Straße herunter, biegen Sie links in die Calle Reloj ein und sehen auf der rechten Seite die **Catedral Basílica de Santa Ana [12]**. Nach der Eroberung Gran Canarias wurde im Jahr 1483 der Bau der Kathedrale durch die kastilische Krone veranlasst, um die besiegten Ureinwohner zu missionieren. Die im 15. Jahrhundert begonnenen Bauarbeiten wurden bis ins 19. Jahrhundert fortgesetzt, sodass das Gotteshaus im Inneren mit römischen und gotischen Elementen und einer neoklassizistischen Fassade gestaltet wurde. Santa Ana ist die älteste und größte Kirche der Insel und war bis zur Aufteilung der Kanaren in die Bistümer Gran Canaria und Teneriffa im Jahr 1819 die einzige Kathedrale der Inseln.

Vor dem Hauptportal der Kathedrale liegt die lang gestreckte **Plaza de Santa Ana [13]**. Dieser Platz wurde von den Eroberern als Zentrum gewählt, um das sich die weitere Erschließung bilden sollte. Direkt am Anfang stehen 8 lebensgroße **Hundestatuen** aus Gusseisen, die ein Werk des französischen Bildhauers Alfred Jacquemar aus dem Jahr 1895 sind. Der Überlieferung nach verdanken die Inseln ihren Namen den seinerzeit freilaufenden Hunden (lat. canis= Hunde).

Vor Kopf befindet sich das imposante Gebäude **Casa Consistorial**, das im neoklassizistischen Stil erbaut und 1856 eingeweiht wurde. Bis zur Verlegung des Bürgermeisteramts nach Las Palmas im Jahr 1977 fungierte das Gebäude als Rathaus. Aktuell dient es als Ausstellungsraum für 90 Gemälde kanarischer und internationaler Künstler und beherbergt die Touristeninformation.

Im rechten Häuserblock befindet sich der schlichte **Palacio Episcopal** aus dem 16. Jahrhundert mit dem Sitz des Bischofs.

Im linken Block, Haus Nr. 4, ist das **Archivo Histórico Provincial** untergebracht. Es war die Residenz des ersten bedeutenden kanarischen Historikers José de Viera y Claijo (1731- 1813).

Rechts am Eingang des Hauptportals der Kathedrale befindet sich der kostenpflichtige **Aufzug**, der zu einer Aussichtsterrasse führt, von der Sie einen grandiosen Blick über die Altstadt genießen. Weitere Treppen, die neben dem Aufzug in der oberen Etage sind, führen in dem Turm der Kirche, von dem Sie die schönste Sicht über Las Palmas haben.

Der Zutritt zur Kirche ist außerhalb der Messezeiten nur über das **Museo Diocesano de Arte Sacro [14]**, dass sich ausgeschildert, rechtsherum in der Calle Espíritu Santo, in einem Seiteneingang auf der linken Seite befindet, möglich. Das Museum für sakrale Kunst liegt in den ehemaligen Nebengebäuden der Kathedrale, dessen Mittelpunkt der sogenannte Patio de los Naranjos, der Innenhof der Orangenbäume mit umlaufenden Holzbrüstungen ist. In den 4 Ausstellungsräumen, von denen die Sala Capitular der prächtigste ist, werden Goldschmiedearbeiten, Monstranzen, Kreuze und liturgische Gegenstände aus dem 16. Jahrhundert ausgestellt. Die Puerta del Aire, die Lufttür führt in die Kathedrale. ☻ Mo-Fr 10-16.30, Sa 10-13.30 Uhr, So+feiertags geschlossen ♨Turm € 1,50, Museum/Kathedrale € 3,00

Sie gehen die Straße herunter und treffen auf die kreuzende Calle Reyes Católicos, in der jeden Sonntag zwischen 10.00 und 14.00 Uhr ein Markt stattfindet. Nun gehen Sie nach links und kommen automatisch auf das **Casa de Colón [15]**, das Kolumbushaus mit der davorliegenden Plaza de Pilar Nuevo, zu. Den Platz schmückt ein hübscher Steinbrunnen, der Treffpunkt der Frauen war, die hier Wasser schöpften. Die prachtvolle Fassade des Kolumbushauses besticht durch ein Portal aus hellgrünem Lavastein mit Blattornamenten und zwei Hunden auf den seitlichen Konsolen. Typisch kanarische Holzbalkone runden das Erscheinungsbild ab.

OPTIONAL führt rechts die Calle de los Balcones zum **Centro Atlántico de Arte [16]**, kurz CAAM. Es ist das Kulturzentrum und Kunstmuseum der Hauptstadt. Hinter einer neoklassizistischen

Fassade, die aktuell mit bunten geometrischen Elementen gestaltet ist, verbergen sich über 5 Etagen helle moderne Ausstellungsräume, die sich um einen typisch kanarischen Patio reihen. Das Zentrum stellt in erster Linie avantgardistische Kunst aus und besitzt eine Sammlung mit Werken von Künstlern, die einen tragenden Einfluss auf die kanarische Kunstszene des 20. Jahrhunderts hatten. ⊕Di-Sa 10-21, So+ feiertags 10- 14 Uhr, Mo/ 24.12/ 31.12 geschlossen ♨ Eintritt frei ①Aktuelle Ausstellungen unter: www.caam.net

Der Eingang zum Kolumbushaus liegt auf der gegenüberliegenden Straßenseite, zu der Sie rechts durch die Passage Pedro de Algaba auf die **Plaza de San Antonio Abad** mit der gleichnamigen **Ermita de San Antonio Abad** (Haus Nr. 10) **[17]** kommen. Auf diesem Platz wurde am 24. Juni 1478, nachdem der spanische General Juan Rejón mit seinen Truppen in der Bucht von Isleta angekommen war, die Stadt gegründet. Die von den Eroberern gebaute Militärkirche wurde zu einer Einsiedelei umgebaut. Obwohl sie klein war, diente sie als erste Pfarrkirche und später als Kathedrale von Las Palmas. Mit dem Bau der neuen Kathedrale Santa Ana verlor sie an Bedeutung und wurde als Ermita de San Antonio Abad bekannt. Obwohl der Klerus der Einsiedelei eine neue Eingangspforte im Jahr 1743 schenkte, verfiel das Gebäude zunehmend, sodass es 1757 entkernt und umgebaut wurde. Die angebrachte Steintafel auf der Fassade erinnert an Cristóbal Colón- Christopher Kolumbus, der hier vor seinem Aufbruch in die neue Welt betete.

Von hier gehen Sie nach links in die **Calle Colón** zum **Casa de Colón**. Das Kolumbushaus war das Haus des Inselgouverneurs und fungiert als Museum, dessen zentrales Thema Christoph Kolumbus und seine Reisen sind. Auf seinem Weg nach Amerika im Jahr 1492 besuchte Kolumbus das Haus, als er vor der Insel vor Anker ging, um eines seiner Schiffe reparieren zu lassen. In den 1950-er Jahren wurde das Gebäude zum Museo Casa de Cólon umgebaut, wobei Teile des alten Gouverneurpalastes und das imposante Portal in den Komplex integriert wurden. Das Museum besitzt 15 Ausstellungssäle und 2 Innenhöfe, von denen im größeren ein gotischer Brunnen steht. Das Bogenwerk ist im Renaissancestil gefasst und die Holzbalustrade stammt aus dem im 16. Jahrhundert von Piraten zerstörten Dominikanerkloster. Im Erdgeschoss wird ein geschichtlicher Überblick über die Reisen des Entdeckers gegeben. Sehenswert sind die Modelle seiner Karavellen Niña, Pinta und das Flagschiff seiner Expedition, die Santa Maria. Seekarten und Routenverläufe sowie der Nachbau der Kapitänskajüte komplettieren das Gesamtbild. Weiterhin werden Informationen und Ausstellungsstücke aus der Zeit, als die Inseln eine Zwischenstation auf dem Weg in die „neue Welt" waren, präsentiert. Im Obergeschoss werden Gemälde aus dem 16.- 20. Jahrhundert, sowie Gegenstände, Modelle und Karten zur Geschichte Gran Canarias und der Hauptstadt Las Palmas gezeigt. Im Untergeschoss wurde eine Kollektion von Kunst- und Gebrauchsgegenständen präkolumbianischer Völker Lateinamerikas zusammengetragen. ☉ Mo-Sa 10-18, So+feiertags 10-15 Uhr 🎫 €4,00

Sie gehen zurück zum Museumseingang. Nun gelangen Sie links über die angrenzende Calle Armas zur 4- spurigen Straße, die Sie erneut überqueren und auf einen großen Platz, den Plaza de las Ranas mit wuchtigen Gummibäumen, kommen. Das Gebäude rechts neben der Fastfoodkette Burger King beherbergt die **Biblioteca Insular [18]**. Es ist eines der besten Beispiele der kanarischen Architektur am Ende des 19. Jahrhunderts. Seinerzeit wurde das Gebäude unterschiedlich genutzt und mehrfach, bis zum Umbau als Inselbibliothek, reformiert. Wenn Sie links parallel zur Hauptstraße weitergehen, treffen Sie auf die Calle Muro, die in die Calle General Bravo übergeht. Auf der rechten Seite liegt die Plaza Cairasco mit dem Denkmal für den grancanarischen Schriftsteller und Dichter Cairasco de Figueroa (1538- 1610). Seinerzeit war er der Begründer der kanarischen Literatur. In seinen Werken verbindet er die historische Vergangenheit der Kanaren, die durch die Ureinwohner und später durch die Eroberer geprägt wurde.

Es steht vor dem **Gabinete Literario [19]**, dem Literaturkabinett, das das erste Theater der Stadt beherbergte und zunächst nach Cairasco benannt wurde, der an dieser Stelle sein Wohnhaus hatte. Eine im Jahr 1844 gegründete Literatursozietät kaufte das Gebäude, das bis heute zur literarischen, kulturellen und wissenschaftlichen Entwicklung beiträgt. Die aufwändig gestaltete Fassade mit mittigen Balkonen und seitlichen Türmen, lässt das Kabinett elegant erscheinen. Auffällig sind die abgerundeten Seitenfassaden, die dem Gebäude Größe und Unendlichkeit verleihen. Über dem Balkon befindet sich das Löwenwappen der Sozietät mit den Initialen GL und über den Fenstern verläuft eine Borde, auf der in regelmäßigen Abständen Fliesen mit einer Palme und einem Hund abgebildet sind. Diese Motive führen auf die Inseleroberer zurück, die auf Palmen und freilaufende Hunde stießen. Im Foyer führt die mittig imposante Eingangstreppe in das Obergeschoss mit einer umlaufenden Galerie, an der, der Salon Rojo, ein Kaffe- und Teeraum und der Theatersaal angeschlossen sind. Im Salon Rojo, dem roten Salon, wurden die Wappen der 50 spanischen Provinzen aufgetragen, zudem schmücken Portraits der Gründer, sowie das des nach Cevantes bedeutesten Künstlers Peréz Galdos die Wände. Der angrenzende Raum besticht durch Säulen und einer hellgelben Wandfarbe. Die großen Fenster mit Bleiglasintasien verleihen dem Bereich einen eleganten Chic. Mittig des Raumes ist der Zutritt auf den Balkon mit Blick auf die Kathedrale Santa Ana möglich. Das eigentliche Highlight ist das damalige Theater, das einem kleinen Versailles nachempfunden wurde. Die Wände strotzen mit aufwendig eingelassenen Säulenkonstruktionen, Goldornamenten, Wand- und Deckenbildern. Das Orchester spielte von einem Balkon in der oberen Etage. In diesem Prunkraum sind Ruhm und Gloria der Oberschicht noch erhalten geblieben. Zu einem weiteren Höhepunkt des Gebäudes zählt der immer noch intakte Fahrstuhl, der der erste Aufzug der Insel war und an den puren Luxus damaliger Zeiten erinnert. Aktuell befindet sich im 2. OG die private Bibliothek des Literaturkabinetts, das ausschließlich von Mitgliedern nutzbar ist. ☺ Führungen um 10.15/ 11.15/ 12.15 Uhr 🍴 € 5,00 ⓘ www.cityexpert.travel

Rechts, in der Häuserreihe neben dem Gabinete Literario, ist das **Hotel Madrid** aus dem Jahr 1908. Der spanische General Franco soll hier im Jahr 1936 auf seinem Weg nach Marokko übernachtet haben.

Auf dem gegenüberliegenden Platz, der **Plaza de San Francisco [20]**, steht mittig die **Alameda de Colón**, ein Denkmal aus dem Jahr 1892, das an den Aufenthalt von Christopher Kolumbus vor seiner Atlantiküberquerung erinnern soll.

Dahinter befindet sich die **Iglesia de San Francisco de Asís [21]**. Die Pfarrei wurde 1821 gegründet und befindet sich in der Kirche des ehemaligen Klosters San Francisco. Die drei Schiffe sowie die Mudejár- Kassettendecken wurden im landestypischen Stil erbaut. In dieser Kirche wird das Marienheiligtum der Nuestra Señora de la Soledad- unsere Liebe Frau der Einsamkeit- von den Bewohnern Las Palmas verehrt. Neben den Heiligenstatuen des San Francisco de Asís, San Bernadino de Siena und der Santa Clara de Asís, ist die Nuestra Señora de la Soledad das einzige Marienbild, das die kanonische Krönung durch den seligen Papst Johannes Paul XXIII. in der Diözese der Kanarischen Inseln erhalten hat.

Wenn Sie nun nach rechts in die Calle Malteses, die im 16. Jahrhundert nach den ortsansässigen Händlern aus Malta benannt wurde, und dann nach links in die Calle Cano gehen, treffen Sie im 3. Gebäude auf der rechten Seite (Haus Nr.6) auf das **Casa Museo Peréz Galdos [22]**. Das Gebäude stammt aus dem 18. Jahrhundert und war das Geburtshaus des kanarischen Romanschriftstellers Benito Peréz Galdós (1843- 1920), indem er seine Kindheit und Jugend verbrachte. Nach ihm wurde das Stadttheater an der Plaza Stagno benannt. Im Museum werden Romane jener Zeit, Originaldokumente und eigenhändig geschriebene Schriftstücke ausgestellt. ☻ Di-So 10-18 Uhr, Mo, 25.12/ 31.12/ 01.01/ 06.01/ 01.05. geschlossen ♨ Eintritt frei

Sie folgen dem Straßenverlauf und sehen auf der Ecke zur Calle Travieso die **Librería del Calbildo [23]**. Es ist die erste Buchhandlung des Archipels, die sich auf kanarische Themen und Autoren spezialisiert hat und mehr als 5.000 Titel zur Verfügung stellt.

Sie folgen der Calle Cano bis zum Ende und gehen nach links in die Calle San Bernado. Über Eck sehen Sie das beeindruckende grau-weiße Gebäude (Haus Nr. 8) des **Círculo Mercantil [24]** aus dem 17. Jahrhundert. In dem Komplex finden vom Kanarischen Handelskreis kostenlose Freizeit- und Kulturveranstaltungen statt, die von den Stadtbewohnern geschätzt werden.

Danach nehmen Sie die nächste Straße Calle Pérez Galdos rechts und sehen auf der rechten Seite den **Palacete Rodríguez Queguez [25]**. Am Ende des 19. Jahrhunderts entschied sich der betagte Kaufmann Domingo Rogríguez Quereles ein großes Haus zu bauen und beauftragte den berühmten grancanarischen Architekt Fernando Navarro y Navarro mit der Planung. Dieser entwarf einen prächtigen Bau, der den modernen Zeitgeist dieser Epoche wiederspiegelte. Aktuell ist es der Sitz des höheren Musikkonservatoriums.

Weiter geradeaus, an der Kreuzung zur Calle de Perdomo, steht die **Iglesia de los Franciscanos [26]** mit einer auffälligen barocken Steinfassade.

Wenn Sie der Straße nach unten folgen und links in die Calle Viera y Clavijo einbiegen, befindet sich im Gebäude mit der Nummer 30 das **Teatro Cuyas [27]**. Das Theater ist eine der wichtigsten Bühnen der Kanarischen Inseln. Mit einer erstklassigen Bühnenausstattung, einer Kapazität von 943 Sitzplätzen und einem abwechslungsreichem Veranstaltungsprogramm zählt es zu den besten Nationaltheatern Spaniens.

An der kommenden Kreuzung biegen Sie in die Calle Domingo J. Navarro ein und finden auf der rechten Seite im Gebäude Nummer 7, die **FEDAC [28]**, die Fundación para la Etnografia y el Desarollo de la Artesania Canaria. In dem von der Gemeinde betriebenen Souvenirladen werden zertifizierte Handwerksarbeiten angeboten. ☻Mo-Fr 10.30- 13.30/ 16.30-20 Uhr, Sa+ So geschlossen

Am Straßenende treffen Sie auf die Haupteinkaufsstraße Calle Mayor de Triana, der Sie nach links folgen und zum Anfangspunkt des Rundganges gelangen.

14 Übersichtskarte Arrecife Lanzarote

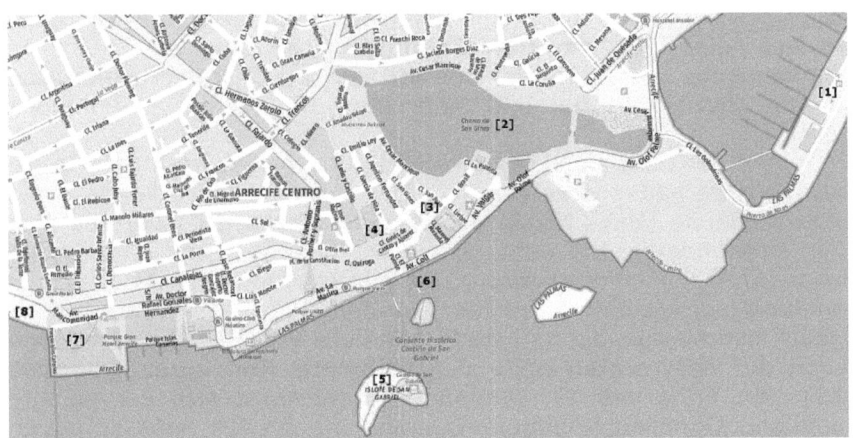

15 Willkommen in der Hauptstadt Arrecife auf Lanzarote!

Sie sind jetzt im Hafen auf der 4. größten Insel mit 846 qkm vor Anker gegangen. Insgesamt hat Lanzarote 146.000 Einwohner, von denen 57.000 in der Hauptstadt leben.

Zu Ihrer Ankunft muss erwähnt werden, dass es je nach Verkehrsaufkommen zwei Anlegeplätze gibt.

Ihr Kreuzfahrtschiff legt entweder im alten Hafen, dem Puerto de Los Marmóles, oder im neuen Hafen an der Marina Lanzarote, an.

Vom **Puerto de Los Marmóles** wird ein kostenloser Bustransfer vom Schiff aus zum Parkplatz vor dem Charco de San Ginés angeboten. Vom Container der Touristeninformation, mit der Aufschrift Turismo Arrecife, der auf der rechten Seite liegt, folgen Sie nach links der Calle Juan de Quesada, die zum **Charco de San Ginés [2]** führt.

Am Ausgang des neuen Hafens führt die Avenida Olof Palme zum Charco de San Ginés. Entlang der hohen Kaimauern folgen Sie dem Straßenverlauf und treffen auf der rechten Seite auf das langgestreckte Beton- Gebäude der **Marina Lanzarote [1]**. Wenn Sie nun am Parkplatz P3 mit der Touristeninformation rechts einbiegen und nach links gehen, gelangen Sie auf die Einkaufsmeile der Marina, die am neu gestalteten Jachthafen vorbeiführt. Der moderne Komplex wurde für lanzarotenische Verhältnisse mehr als großzügig angelegt, aber nicht angenommen, sodass viele Geschäfte und Cafés schließen mussten.

Am Ende der Promenade kommen Sie auf einen größeren Platz und überqueren die Brücke, die über das Hafenbecken führt.

Sie kommen auf die Avenida Olof Palme, der Sie nach rechts folgen und gehen dann über den Zebrastreifen, der Sie über die Straße zum **Charco de San Ginés [2]** führt. Sie folgen auf der rechten Seite der Promenade und kommen zur Brücke, die über den Charco führt.

Wenn Sie vor der Brücke der Promenade folgen, können Sie um den gesamten Charco gehen. Hier besteht die Möglichkeit direkt rechts an der Promenade, der Avenida César Manrique, entlang zugehen und sich eins der unzähligen einheimischen Restaurants auszusuchen, um inseltypische Tapas zu probieren, oder einfach Platz zu nehmen, um bei einem Getränk die Aussicht auf den Charco, was soviel wie die „Pfütze des heiligen Ginés" heißt, zu genießen. Alternativ überqueren Sie sofort die Brücke, und gehen nach rechts.

Sie folgen der Wegführung am Charco entlang. Nach der leichten Linkskurve biegen Sie rechts in die Calle La Puntilla ein, die am Ende einen links- rechts Knick macht und kommen links in die Calle Brasil, der Sie folgen. Nun sehen Sie bereits den hohen 3- stöckigen Glockenturm der Kirche San Ginés.

Die **Iglesia de San Ginés [3]** wurde im Jahr 1574 als erste Wallfahrtskappelle in der Hauptstadt gegründet und musste nach der großen Überschwemmung im Jahr 1665 mit einer zweijährigen Bauzeit neu konstruiert werden. Nach weiteren 80 Jahren, im Jahr 1747, wurde sie vergrößert, bis sie letztendlich im Jahr 1798, den heutigen Stand als Pfarrei erhielt. Im 19. Jahrhundert wurde sie um ein Hauptschiff vergrößert, ein Mittelschiff wurde angebaut, sodass zehn Jahre später, durch die Erhöhung der Kanzel, ein Hochschiff entstand. Nach weiteren 40 Jahren wurde der Kirchturm gebaut, der 1842 fertig gestellt wurde. ✪ täglich 9-13 und 17- 20 Uhr

Am pittoresken Kirchenvorplatz Plaza de las Palmas, der mit indischen Lorbeerbäumen und Palmen bepflanzt ist, folgen Sie am davorliegenden Café El Principe der Calle Inspector Luis Martín, die auf die Haupteinkaufsstraße Calle Léon y Castillo führt. Direkt über Eck befindet sich das gelb gefliese Gebäude **Casa Amarilla [4]**. Das Gebäude war der ehemalige Sitz der Inselregierung, das in den 1920- Jahren erbaut, 2002 zum Kulturgut vom besonderen Interesse erklärt und in 2014 saniert wurde. In den Ausstellungsräumen finden temporal wechselnde Präsentationen statt, die die Inselgeschichte widerspiegeln. ✪ Mo- Fr 10- 22 Uhr, Sa 10- 14 Uhr ♟ € 2,00 ➊ Aktuelle Ausstellung unter: www.cactlanzarote.com

Die 500 m lange **Calle Léon y Castillo** mit ihren vielen Seitenstraßen ist die meistbesuchteste Einkaufsmeile der Hauptstadt, in der Sie neben Shoppen auch unter Einheimischen einfach nur ein

Café trinken können. Der Stadtrundgang führt links an der Casa Amarilla, Richtung Meer auf die Avenida la Marina weiter.

Vorkopf kommen Sie auf die Brücke Calle Puente de la Lagarta, die zur Burg **Castillo San Gabriel [5]** mit dem Museum **Museo de Historia de Arrecife** führt. Die Burg ist auch über eine zweite Brücke, die sich weiter links befindet, zu erreichen.

Diese nennt sich **Puente de las Bolas [6]** und ist eine kleine Zugbrücke mit zwei Kanonenkugeln auf den Pfeilern. Sie wurde ursprünglich aus Holz erbaut und von Berberpiraten niedergebrannt. Im 16. Jahrhundert wurde das Castillo durch eine Festung aus Stein ersetzt, die zum Schutz des Hafens und der Stadt dienen sollte. Im Eingang wird der Museumsführer ausgehändigt, indem sich die deutschen Erklärungen zu den Übersichtstafeln in den unterschiedlichen Räumen der Burg finden. Genießen Sie im Obergeschoss die einmalige Aussicht über das Meer und die Hauptstadt. ☺ Mo-Fr 10-17 Uhr, Sa 10-14 Uhr ♪ Eintritt Frei

Sie gehen zurück an die Promenade der Avenida Marina und folgen dem Straßenverlauf nach links.

Am Meer entlang, vorbei am kleinen Park- Parque José Ramírez Cerda, dem urigen Holzpavillon der Touristeninformation- Oficina de Información Turística- geht die Avenida la Marina in die Calle Blas Cabrera Felipe über und wird nach einer Rechtskurve zur Calle Dr. Ruperto González Negrín. Sie folgen dem Straßenverlauf und gelangen automatisch zum **Gran Hotel Arrecife [7]**. Es ist das höchste und auffälligste Gebäude der Insel. In der 17. Etage befindet sich ein öffentliches Café, mit einer einmalig grandiosen Aussicht. Sie blicken über die Hauptstadt, auf Vulkanberge, den Küstenverlauf und bei guter Sicht bis auf die Nachbarinsel Fuerteventura. **①Wichtig:** Für das öffentliche Café des 5 Sterne Hotels existiert kein gesonderter Zugang von außen. Sie betreten das Hotel über den Haupteingang und kommen vor Kopf auf die Rezeption zu, an der Sie rechts vorbeigehen. Im Gang kommen Sie links an den Toiletten vorbei und gehen dann links die Treppen hoch. Der gläserne Aufzug zum Café befindet sich sofort links.

Der 500 m lange helle Stadtstrand **Playa de Reducto [8]** grenzt direkt am Gran Hotel an und lädt bei Flut zum Baden ein. Liegen und Sonnenschirme sind kostenpflichtig, aber der Strand bietet ausreichend Platz, um mit dem eigenen Handtuch die Sonne zu genießen.

Hier endet die Stadttour. Alternativ gehen Sie die Strecke wieder zurück zum Schiffsanleger, oder nehmen ein Taxi, das Sie vor dem Gran Hotel bis zum Schiffsanleger in der Marina Lanzarote, oder bis zum Sammelplatz am Charco de San Ginés, oder dann auch gleich zum Schiff zurückbringt. 🚕Taxi Gran Hotel- Schiff zur Marina max. €10, Gran Hotel- Puerto de los Marmóles, max. € 15.

Alternativ können Sie die Hauptstadt Arrecife auch mit der **Hop- On Hop- Off** Bimmelbahn erkunden. Einstiegspunkte befinden sich direkt an der Touristeninformation am Charco de Ginés und am Ende der Marina Lanzarote. City Sightseeing Arrecife bietet 2 Touren an, die an einem Tag mit dem Ticket genutzt werden können. **Rote Linie:** Charco San Ginés- Intercambiador de Guaguas, Busbahnhof- Gran Hotel Arrecife- Real Club Nautico- Castillo San Gabriel- Marina Lanzarote, Jachthafen- Castillo San José. **Blaue Linie:** Charco San Ginés- Castillo San José- Estacion de Guagas, Busbahnhof- Teatro insular, Stadttheater- Gran Hotel Arrecife- Real Club Nautico- Castillo San Gabriel- Marina Lanzarote. Der Ein- und Ausstieg kann beliebig oft erfolgen, der Fahrpreis wird einmalig bei Fahrtantritt fällig. Man erhält einen Stadtplan sowie Kopfhörer, die während der Rundfahrt interessante und aufschlussreiche Informationen zu den Sehenswürdigkeiten der Tour bieten.☺ Täglich 🍴 € 10,00, Kinder 7- 12 J. € 6,00, 3-7J. € 4,00 ⓘ Im Fahrpreis ist der Eintritt ins Castillo San José inbegriffen.

Das **Castillo San José** diente als Militärfestung und beherbergt das internationale Museum für zeitgenössische Kunst, das **Museo Internacional de Arte Contemporáneo MIAC**, und wurde im 18. Jahrhundert während der Herrschaft des Bourbonen Carlos III. errichtet.

Aufgrund der Initiative des herausragenden Inselkünstlers César Manrique, der die Insel nachhaltig prägte, wurde das baufällige Gemäuer nach seinen Plänen umgeplant und 1975 eröffnet. Der Künstler leitete persönlich die Umbauarbeiten und die Erschließung, veränderte aber kaum die Innenstruktur der Burg. In den Nebengebäuden entwarf Manrique ein Restaurant, das den auffälligsten Eingriff in die Architektur der alten Festung darstellt. Über die alte Zugbrücke erfolgt der Zugang ins Gebäude. Beeindruckend sind die meterdicken Gewölbemauern, in denen sich temporäre Kunstausstellungen befinden. Folgen Sie der Treppe in die obere Etage, blicken Sie vom Industriehafen- Muelle de Los Mármoles-, bis zum 5 Sterne Gran Hotel Arrecife.

Im Untergeschoss, das man über eine geschwungene Treppe erreicht, befindet sich das Restaurant **QUÉ MUAC**, indem Sie gediegen speisen, ein Café trinken, oder einfach nur die Aussicht auf den Hafen genießen können.

Auf diesem Weg wäre auch ein kurzer Abstecher zu den **Jolateros** interessant. Vor dem Castillo San José folgen Sie der Hauptstraße nach links und sehen auf der rechten Seite ein großes Windrad.

Dieses diente bis zum 20. Jahrhundert dazu, das Salzwasser aus dem Meer zu fördern, weiterzuleiten und hier in Form von Salinenbecken, Salz zu gewinnen.

Ein paar Schritte weiter trifft man auch schon auf die Open- Air- Werkstatt.

Auf den ersten Blick hatte ich nicht direkt verstanden, was hier genau gemacht wurde, bis Herr Antonio mir genau seine Arbeit erklärte. Die Geschichte der Jolateros, der einzigen und letzten lanzarotenischen Bootsbauer, die 1- Mann- Boote aus Altmetall herstellen, geht ca. 70- 80 Jahre zurück. Früher wurden diese kleinen Boote für den Zweck gebaut, um die Fischer zu ihren Kuttern zu bringen. Heutzutage veranstalten die Kinder im Sommer im Charco San Ginés nur noch kleine Bootsrennen.

Dann zeigte Señor Antonio wie man die Boote in Miniaturform herstellt. Hierzu schnitt er mit einer Schere einen Streifen von einer Blech- Olivenöldose ab. Er nahm eine Zange, bog die scharfen Kanten nach innen und klopfte sie anschließend auf einem Holzbrett platt. Danach formte er mit seinen Daumen und Fingern die Bootsform, nahm einen Kleber, den er auf zwei kleine Holzstückchen strich und steckte diese an die Enden des Bootes, um diese zu fixieren. Er sagte: „Jetzt mache ich den finalen Test, um zu sehen, ob das Boot auch schwimmen kann". Dazu setzte er es in eine Plastikschüssel mit Wasser und ich staunte nicht schlecht... das Bötchen schwamm. Zum Schluss wird das kleine Kunstwerk noch mit einem individuellen Anstrich versehen und steht zum Verkauf bereit.

Diese alte lanzarotenische Bootsbaukunst ist sehenswert. Hier kann man ein **Souvenir** der besonderen Art erstehen. Die kleinen Boote sind auch als Schlüsselanhänger für einen kleinen Preis käuflich erwerblich.

Platz für eigene Notizen...🖊️...

16 Übersichtskarten Santa Cruz de la Palma

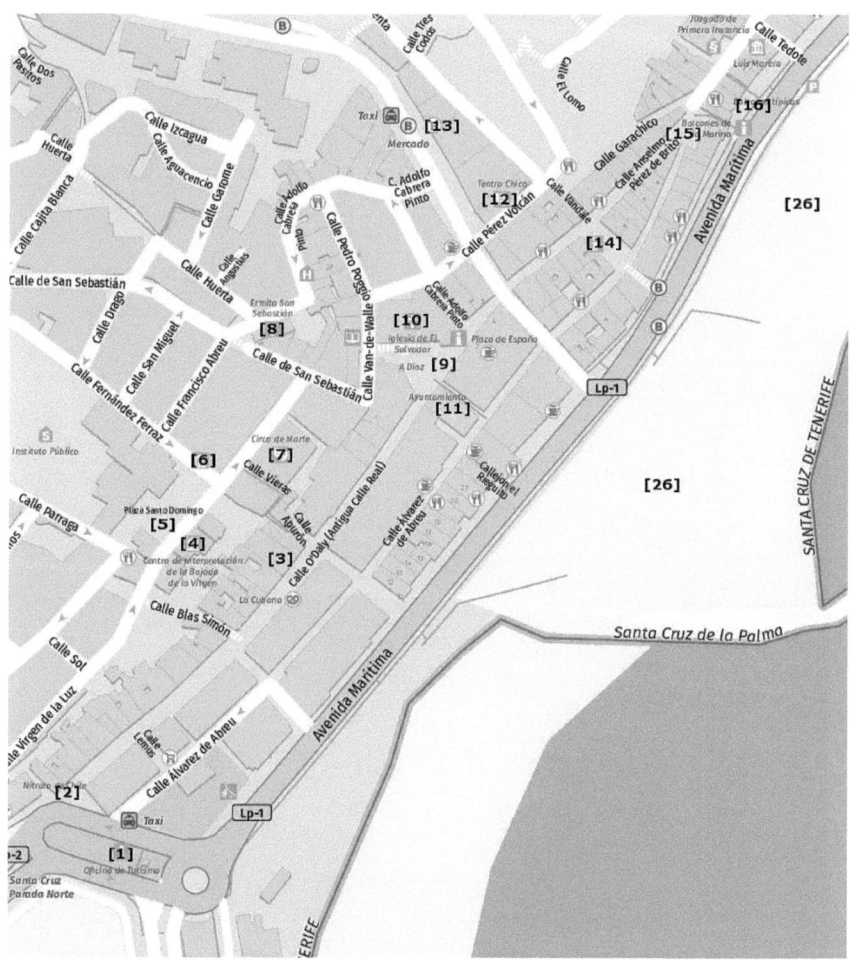

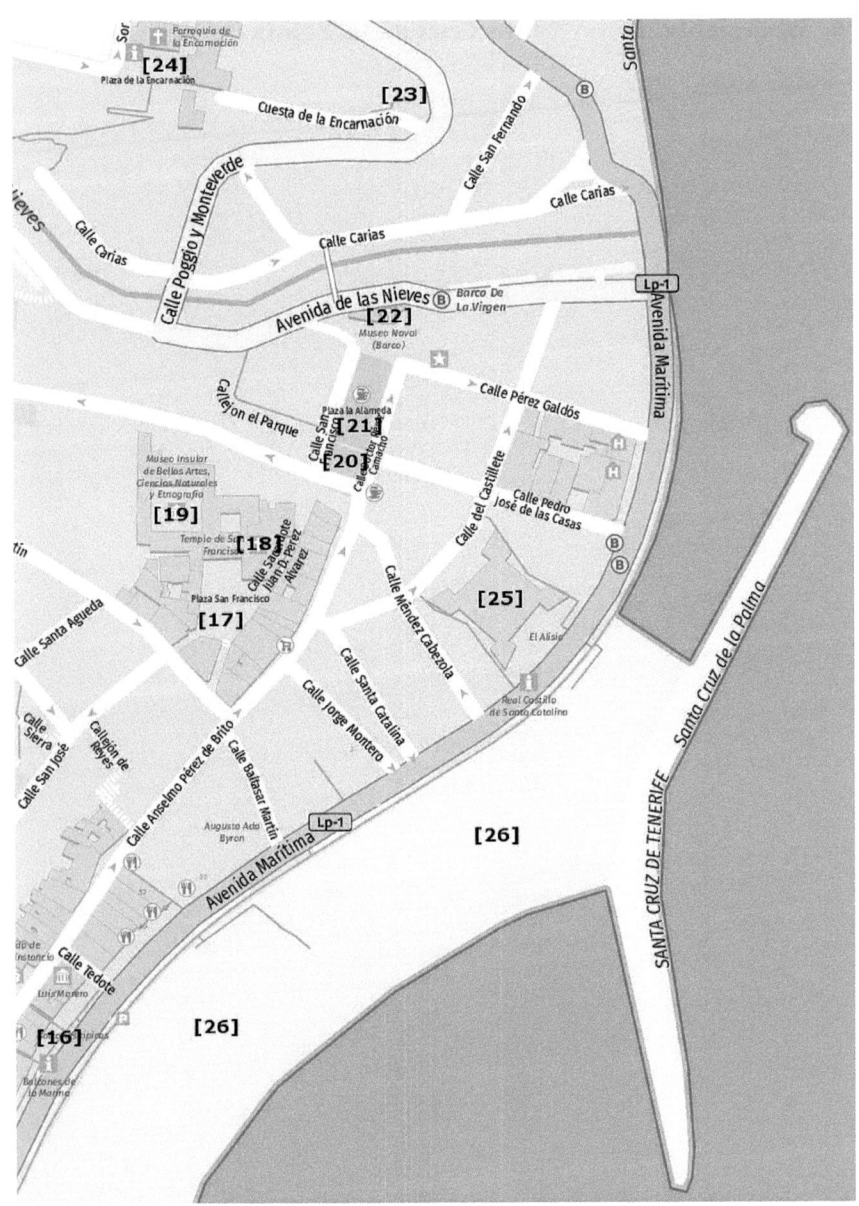

[24] Parroquia de la Encarnación

[24] Plaza de la Encarnación

Sor

[23] Cuesta de la Encarnación

Calle San Fernando

Calle Carías

Calle Carías

Calle Poggio y Monteverde

nieves

Calle Carías

Calle Carías

Calle Carías

Avenida de las Nieves Ⓑ Barco De La.Virgen

[22]

Museo Naval (Barco)

Lp-1

Avenida Marítima

Galeón en el Parque

Calle Pérez Galdós

Plaza la Alameda

[21]

[20]

Calle San Francisco

Calle del Castillete

Museo Insular de Bellas Artes, Ciencias Naturales y Etnografía

[19]

Calle Pedro José de las Casas

Templo de San Francisco

[18]

Calle San Vicente Juan D. Pérez Álvarez

tín

Calle Méndez Cabezola

[25]

Plaza San Francisco

[17]

El Alisio

Calle Santa Águeda

Calle Santa Catalina

Real Castillo de Santa Catalina

Calle Sierra

Callejón de Reyes

Calle San José

Calle Jorge Montero

Calle Anselmo Pérez de Brito

Calle Baltasar Martín

Augusto Ada Byron

Lp-1

[26]

SANTA CRUZ DE TENERIFE

Santa Cruz de la Palma

Avenida Marítima

de Instancia

Calle Tedote

Luis Merero

[16]

[26]

[26]

Balcones de la Marina

44

17 Willkommen in der Hauptstadt Santa Cruz de La Palma!

Sie sind jetzt im Hafen auf der 5. größten Insel mit 708 qkm vor Anker gegangen. Insgesamt hat La Palma 83.000 Einwohner, von denen 16.000 in der Hauptstadt leben.

Vom Schiffsanleger folgen Sie der rot- blauen Linie Richtung Stadtzentrum. Am Ende treffen Sie auf die kreuzende Avenida Marítima, die Sie überqueren und nach links gehen. Vorbei an der **Touristeninformation [1]** gehen Sie am Straßenende nach rechts und stoßen vor Kopf auf die Plaza de La Constitución mit der Haupteinkaufsstraße **Calle O´Daly [2]**. Sie ist die Lebensader der Altstadt von Santa Cruz de La Palma, die seit frühsten Zeiten auch als Calle Real- Königsstraße bekannt ist und durchläuft die Stadt von Norden nach Süden, parallel zur Küste. Die Straße trägt derzeit drei verschiedene Namen: Vom Ortseingang bis zur Plaza de España nennt sich der Abschnitt Calle O´Daly. In Erinnerung an den irischen Kaufmann Dionisio O´Daly, dem treuhändischen Verwalter von La Palma, dessen Rechtsstreit gegen den Gemeinderat dazu führte, dass die Insel der erste Verwaltungsbezirk ganz Spaniens war, in dem die Verfassung per Zensuswahlverfahren gewählt wurde.

Der zweite Straßenabschnitt zwischen der Plaza de España und der Plaza de la Cruz del Tercero, heißt Calle Pérez de Brito und erinnert an den Rechtsanwalt von O´Daly, Anselmo Pérez de Brito.

Das dritte Teilstück, die Calle Dr. Pérez Camacho, endet in der Avenida de las Nieves und gedenkt dem berühmten palmerischen Arzt und Chirurgen.

Nun folgen Sie dem Straßenverlauf und sehen auf der linken Seite das **Casa Salazar [3]**. Es ist das bedeutendste Haus, das die Familie Salazar, die aus Burgos in Nordspanien kam, auf der Insel besaß und wurde von Ventura Salazar de Frias, dem Ritter des Ordens Calatrava und Ratsherr von La Palma, zwischen 1631 und 1642 erbaut. Die aus Stein gehauen Quadersteine spiegeln den Barockstil des Hauses wieder. Die Fassade schmückt ein schmiedeeiserner Balkon mit seitlich angebrachten Säulen, über dem das aus Marmor gefertigte Familienwappen zwischen einem offenen Giebeldreieck zu sehen ist.

Die Faszination des alten Herrenhauses erschließt sich erst nach Betreten des Gebäudes. Im Innenhof erblicken Sie die geballte Pracht aus Mujader- Holzdecken, umlaufenden Galerien und einer Bauweise, die auch zu jener Zeit absoluten Reichtum wiederspiegelte. Die Inselregierung kaufte und restaurierte das Gebäude, das aktuell für insulare Konferenzen genutzt wird. Im Eingangsbereich rechts und links befindet sich ein Souvenirshop mit zertifizierter handgefertigter Kunst. ☻ Mo-Fr 9-14 und 16-21 Uhr, Sa 9-14 Uhr, sonntags geschlossen 🥃 Eintritt frei ⌂ Calle O´Daly, 22 🕐Der Innenhof und das 1. Geschoss sind begehbar, der obere Teil des Gebäudes ist nicht zugänglich.

Optional: Wenn Sie die nächste Straße nach links in die Calle Apurón gehen, kommen Sie auf die Parallelstraße Virgen de La Luz mit folgenden Sehenswürdigkeiten: In der Häuserzeile auf der linken Seite ist das **Centro de Interpretación Bajada de la Virgen [4]** in Haus Nr. 13 untergebracht. Das neue Interpretationszentrum zeigt und erklärt Ihnen das wichtigste Fest der Hauptstadt. Alle 5 Jahre feiert Santa Cruz von Juni bis August die Bajada de la Virgen de las Nieves, die zu Ehren der Schutzpatronin der Insel stattfindet. Im Jahre 1676 trugen die Inselbewohner die Marienstatue von Las Nieves hinunter in die Stadt, um die Fürsprache der Heiligen Jungfrau zu erflehen, damit die furchtbare Dürreperiode unter der die Landschaft, die Menschen und das Vieh schon viel zu lange litten, ein Ende nähme. So erließ der Bischof García Ximénez die kirchliche Verfügung, dass dieser fromme Akt ab 1680 alle fünf Jahre zu wiederholen sei.

Am zweiten Sonntag im Juli startet die Semana Grande, die große Woche der Bajada, mit dem Umzug der Mascarones, der Riesen und Dickköpfe, die Märchenfiguren wie die Bruja, die Hexe, und auch aktuelle Comicfiguren darstellen. Seit 1945 ist der Mittwoch dem Minuett gewidmet, dessen Musik aus der Feder des palmerischen Komponisten Luis Cobiella Cuevas stammt. Die Tanzveranstaltung spielt auf dem Prunk und die Eleganz des Rokokos im 18. Jahrhundert an. Der unbestreitbare Höhepunkt des Festes findet am Donnerstag derselben Woche mit dem La Danza de los Enanos, dem Zwergen Tanz, dessen Ursprung auf die Fronleichnamsfeiern des Jahres 1833 zurückzuführen ist, statt. Am Ende der Ausstellung können Sie ein interaktives Foto von sich machen, das automatisch auf der Museums- Facebook- Seite erscheint. ☻ Mo-Fr 10-15 Uhr, Sa 10-13 Uhr, So geschlossen 🥃€ 4,50 Kombiticket mit dem Museo Naval € 7,00 ⌂ Calle Virgen de La Luz, 13

Erhöht auf der linken Seite liegt der Platz mit der Kirche **Plaza e Iglesia de Santo Domingo [5]**. An der Einmündung Calle Virgen de la Luz zur Calle Fernándes Ferraz führen Stufen auf die Plaza, die seitlich von 2 großen indischen Lorbeerbäumen dominiert wird. Links, neben den zwei nebeneinander liegenden Halbkreistüren mit überdachtem Holzbalkon, befindet sich das Instituto de Enseñanza Secundaria, die Hochschule für das Lehreramt. Die Kirche Santo Domingo, die sich in der gleichen Fassade rechts befindet, ist geschlossen. Zu Messezeiten können im Inneren der Kirche flämische Kunstwerke aus dem 16. und 17. Jahrhundert, die von niederländischen Kaufleuten auf die Insel gebracht wurden, bewundert werden.

Rechte Hand befindet sich das **Museo Educación- Germán González [6]**. Das Museum für Bildungsgeschichte ist eine Hommage, an den im Jahr 2011 verstorbenen Germán González, dem Hauptverfechter der öffentlichen Bildung in Santa Cruz. Noch zu Lebzeiten wurde ihm 2000 der offizielle bedeutende Viera y Clavijo-Preis verliehen. Die Räumlichkeiten präsentieren ein altes kanarisches Klassenzimmer mit Mobiliar, Lehrbüchern und pädagogischem Material, das im 20. Jahrhundert verwendet wurde. ☻ Mo-Fr 10-14 Uhr ☒ Eintritt frei

Sie folgen der Calle Virgen de La Luz weiter nach rechts und sehen auf der rechten Seite das hellblau- weiße Gebäude des **Teatro Circo de Marte [7]**. Damals diente das Gebäude als Austragungsort für Hahnenkämpfe und Zirkusvorstellungen. Es wurde 1871 eröffnet und in der Zeit von 1914- 1918 restauriert. Heute finden in den Räumlichkeiten Konzerte und Theaterveranstaltungen statt. Direkt gegenüber liegt die Taquilla für den Kartenverkauf. Wenn Sie der Straße folgen, gehen Sie am Ende links die Calle San Sebastián hoch, die zum gleichnamigen Platz mit Kapelle- **Plaza San Sebastián y Ermita [8]** führt. Sie war die Hauptverkehrsstraße, die durch das Viertel lief und trug den Beinnahmen La Canela, der auf die Herstellung von Zimt- Süßspeisen zurückzuführen ist. Sie wurde nach dem heiligen, römischen Märtyrer Sebastian, dem Schutzpatron gegen die Pest, benannt. Die Straße gliederte sich in den Camino Real, den Königsweg ein, der die Hauptstadt mit dem Tal von Aridane und den Hafen von Tazacorte verband. Die Ermita wurde im 16. Jahrhundert erbaut und weist eine inseltypische Architektur auf: Haupteingang, Holzbalkon und Glockenturm liegen auf einer Achse übereinander. Sie kann während der Messezeiten besichtigt werden. Auf der aufgestellten Bank vor der Kirche kann der Zauber des Viertels mit einem wunderbaren Meerblick genossen werden.

Zurück zu Haupteinkaufsstraße O´Daly.

Wenn Sie nun dem Straßenverlauf nach oben folgen, geht die Calle O´Daly in die breitere Calle Real über, an der sich auf der linken Seite die **Plaza de España [9]** mit der **Iglesia de Salvador [10]** befindet. Der Hauptplatz von Santa Cruz hatte im Laufe seiner Geschichte immer eine Doppelfunktion. Er war öffentlicher Platz der Iglesia de El Salvador, der Erlöserkirche, und gleichzeitig Veranstaltungsort für die wichtigsten Feiern der Stadt. Hier finden u.a. das Fest zu Ehren der Schutzheiligen, die Gründungsfeier der Hauptstadt, Fronleichnam, die Karwoche und Weihnachten statt. Anfang des 19. Jahrhunderts wurde er Plaza de La Constitución, dem

Platz der Verfassung genannt, um der ersten Verfassung Spaniens, die im Jahr 1814 in Cádiz unterzeichnet wurde, zu gedenken. Weiterhin ist er auch als Plaza del Consistorio, Gemeinde- und Rathausplatz sowie als Plaza de la Iglesia, Kirchplatz, bekannt. Sein heutiger Name ist Plaza de España. Der trapezförmige Platz bildet mit der Kirche, dem gegenüberliegenden Rathaus und den Bürgerhäusern eine auf den Kanaren einzigartige Einheit im Renaissance- Stil.

Das Gebäude Monteverde mit der Hausnummer 1 wurde von Pablo Monteverde im Jahr 1618 gebaut und zwischen 1922 und 1935 restauriert. Hausnummer 2 ist das Gebäude Lorenzo, das im klassizistischen Stil des 18. Jahrhunderts gebaut und 1900 reformiert wurde. Die Erlöserkirche mit dem Glockenturm aus Vulkanstein ist auf das 15. Jahrhundert datiert und wurde im 16. Jahrhundert fertig gestellt.

Im Gebäude Massieu, mit der Hausnummer 4 aus dem 18. Jahrhundert befindet sich die CajaCanarias. Haus Nummer 5, Casa Pereyra stammt aus dem Jahr 1864 und wurde von Miguel Pereyra Pérez umgebaut.

Mittig des Platzes befindet sich das Denkmal des Priesters Manuel Díaz, der in der ersten Hälfte des 19. Jahrhunderts eine wichtige Figur im politischen und kulturellen Leben auf La Palma darstellte. Der Stadtbrunnen aus dem Jahr 1588, auch La Pila genannt, komplettiert den Platz.

Auf der gegenüberliegenden Seite ist das Rathaus **Ayuntamiento de Santa Cruz de La Palma [11]**. Nach einem schweren Brand im Jahr 1553 entschied sich die Inselregierung für den neuen Bau des Rathauses von Santa Cruz. Die Bauarbeiten begannen 1559 und bereits nach 8 Jahren konnte das neue Bürgerhaus eingeweiht werden. Im Erdgeschoss prägen 4 Torbögen die Fassade, im Obergeschoss sieht man jeweils zwei ovale und rechteckige Fenster. Zahlreiche Relieves und Inschriften stellen die Tugenden und Laster der damaligen Zeit dar.

Sie folgen dem Straßenverlauf bis zur kreuzenden **Avenida del Puente**, die Sie überqueren und links hoch gehen. Nach der ersten Querstraße, der Calle Pérez Volcán, sehen Sie auf der rechten Seite das **Teatro Chico [12]** mit der angrenzenden Markthalle **La Recova [13]**. Das kleine **Theater** wurde im Jahr 1866 von der Gesellschaft "Terpsícore y Melponeme" als Ort für Shows und öffentliche Feste gegründet. Das Gebäude war eigentlich das Oratorium des alten Krankenhauses Hospital Dolores y Concepción, das im Jahr 1514 gegründet wurde. Nachdem das Hospital im Jahr 1837 in das Kloster der Nonnen Claras verlegt wurde hatten die darauffolgenden Umbauarbeiten das Ziel den heiligen Charakter des Gebäudes nicht mehr zu erkennen, um es als Theater nutzen zu können. Aktuell dient es als Kino.

In und vor der Markthalle **La Recova** findet das alltägliche Leben zwischen Obst- und Gemüse, Käse- und Fleischtheken statt. Profitieren Sie von der bunten Vielfalt der lokalen Produkte. Die Markthalle befindet sich auf dem Gelände des ehemaligen Krankenhauses Nuestra Señora de los Dolores, das 1514 gegründet wurde. Das Gebäude wurde 1886 im klassizistischen Stil gebaut und besticht durch die horizontale Linearität. Das Eingangstor wurde in das beschlagende Mauerwerk eingelassen und mit einem halbkreisförmigen Giebel verziert. Alle anderen Eingangstüren sind durch Wandpfeiler voneinander getrennt und führen in getrennte Räume, die mit der eigentlichen Markthalle verbunden sind, aber einen separaten Zugang haben. Am rechten Eckbereich der über den Türen verlaufenen Balustrade sieht man die kleine Skulptur von San Cristóbal, dem Heiligen Christopherus, der den Autofahrern als Schutzpatron gilt und hier als Symbol für den ersten Taxistand der Stadt angebracht wurde. Durch ein, unter dem Dach durchlaufenden Fensterband, wird die Halle mit natürlichem Tageslicht ausgeleuchtet.
☼ Mo-Sa 6-14 Uhr, So geschlossen ⌂ Avenida del Puente, 16

Sie gehen zurück zur Haupteinkaufsstraße, die jetzt Calle Anselmo Pérez heißt und folgen dem Straßenverlauf nach links. Auf der linken Straßenseite, Haus Nummer 9, hat der Königliche Jachtclub, **der Real Club Nautico**, seinen Sitz. Im Jahr 1817 gründete José María Fierro Santa Cruz y Brito den Königlichen Jachtclub in seinem Familiensitz. 1904 wurde das Gebäude für den gegründeten Sport- und Jagdverein gemietet und 1920 vom späteren Vereinspräsident erworben. Das historische Gebäude wurde im Jahr 1906 vom damaligen spanischen König Alfonso III., der als erster König Spaniens kanarischen Boden betrat, besucht. Heute finden hier Ausstellungen, literarische Musikabende, Theatervorstellungen, Buchpräsentationen und Treffen literarischer Zirkel statt.

Sie gehen weiter und kommen auf der rechten Seite auf die **Plaza de Vandale [14]**. Der Platz verdankt seinen Namen der flämischen Familie Van Dalle, die sich im 16. Jahrhundert auf La Palma niederließ. Der aus Antwerpen stammende Pauwel Van Dalle und Terlinxs, seines Zeichens Herr von Lilloot, Berendrech, Zuitland und Ballert von Flandern, Ritter vom Goldenen Sporn und Schirmherr des Sankt- Bernhard- Kollegiums der Universität Leuven, war der erste Ansiedler der Familie.

Zu den repräsentativsten Gebäuden des Platzes zählt das Haus mit der Nummer 16, die Casa Carmona aus dem Jahr 1831. Der Aussichtsturm bietet einen schönen Blick auf das Meer.

Der Platz wird von Flammenbäumen umgeben, die je nach Jahreszeit rot blühen. Im hinteren Teil befindet sich die Bronzeskulptur mit dem Namen Lo Diviono. Sie ist eine Hommage an Weihnachtsmusikgruppen, die in der Zeit vom 13. bis 24. Dezember jede Nacht singend und spielend durch die Straßen der Hauptstadt ziehen. Dieser Brauch ist auf vergangene Zeiten zurückzuführen, als traditionelle Musikvereine mit Kastagnetten, Tamburin, Trommeln, Pauken und Flöten auf den Straßen musizierten, um sich Weihnachtsgeld für die Feiertage zu verdienen.

Gegenüber dem Platze liegt das weiße Haus Nr.15 mit wehenden Flaggen, in der sich die **Vereinigung der Forscher** befindet. Sie wurde 1885 in Santa Cruz gegründet und hat ihren Sitz im ehemaligen Haus der Familie Nicolás Massieu Salgado. Das Gebäude hat drei Fassaden und teilt die Wohnfläche auf drei Etagen inklusive Mittelgeschoss auf. Auffällig sind die Staub und Regenfänger über der oberen Fensterreihe, die von Marmorbüsten und dem Familienwappen gekrönt werden. Die Vereinigung erwarb das Haus im Jahr 1931 und baute es nach ihren Bedürfnissen um. ①Zutritt nur für Mitglieder

Kurz danach treffen Sie auf der rechten Seite auf die **Placeta de Borrero [15]**. Der kleine Platz mit einem Brunnen aus Basalt, wurde namentlich erstmals im 16. Jahrhundert erwähnt und wird von typischen kanarischen Häusern umgeben.

Hier beginnt der 3. Abschnitt der Einkaufsstraße, die jetzt Calle Peréz de Brito heißt.

Von hier aus führt die kleine Gasse auf der rechten Seiten, entlang des Restaurants La Placeta, zu den ausgeschilderten **Balcones Tipícos [16]**. Zum Wahrzeichen der Hauptstadt zählen die Holzbalkone der Häuser an der Avenida Marítima, die zu den besterhaltenen ihrer Art auf den Kanarischen Inseln zählen. Im Stil portugiesischer Vorbilder gehalten hatten die Balkone neben der dekorativen Ausschmückung der Fassaden seit jeher auch praktischen Nutzen und dienten der Frischluftzufuhr. Die Rückseiten der Häuser sind nach Osten dem Atlantik zugewandt, sodass die Bewohner die Meeresbrise dazu nutzten, um die Zimmer zu lüften. An den Balkonen wurde oft die Toilette angebracht, damit der Geruch und das Abwasser außerhalb der Häuser auf die Straße lief und von dort ins Meer floss.

Darüber hinaus dienten die Balkone auch der zusätzlichen Kontrolle des Seeverkehrs im Hafen von Santa Cruz. Neben den Aussichtspunkten auf den Dächern der Häuser boten die Balkone eine gute Sicht auf die Bucht, sodass das Ein- und Auslaufen der Schiffe, das Be- und Entladen der Waren bequem beobachtet werden konnte.

Casa Sicilia Nummer 38: Das Haus wurde im letzten Jahrzehnt des 18. Jahrhunderts von dem Geistlichen Jerónimo Sicilia der Pfarrgemeinde El Salvador erbaut und ist auf der Rückseite mit einem geschlossenen und verglasten Doppelbalkon ausgestattet, welcher sich über das dritte und vierte Stockwerk erstreckt.

Casa Escobar Nummer 39- 40: In seinem heutigen Zustand wurde das Haus vom Ehepaar Felipe Bautista Poggio Monteverde und Maria de Escobar y Guzmán erbaut.

Casa Felipe Nummer 41: Das Gebäude wurde Anfang des 19. Jahrhunderts vom Oberleutnant der Miliz und Postmeisters Antonio José Felipe erbaut und blieb bis in die heutige Zeit unverändert erhalten. Es hat einen offenen Doppelbalkon mit Toilette Richtung Nordhang.

Casa Morales Nummer 42: Die Fassade des Hauses, welche in der 2. Hälfte des 18. Jahrhunderts von dem Seidenhandwerksmeister José Antonio Morales erbaut wurde, fällt aufgrund seiner asymmetrischen Gestaltung ins Auge. Der Balkon ist einstöckig hat eine vorgezogene Überdachung und befindet sich mittig auf der Höhe des dritten Stockwerkes.

Casa Sansón Nummer 43: Das Gebäude wurde Ende des 18. Jahrhunderts von dem Seidenhandwerksmeister Antonio Romualdo Sansón erbaut. Das Stockwerk auf dem sich der Balkon Richtung Meerseite befindet, wurde im darauffolgenden Jahrhundert neugestaltet, nachdem das Haus in den Besitz des Marinekapitäns Buenaventura Felipe Carmona übergegangen war, der diesen Balkon einstöckig und offen anbringen ließ.

Casa Ferrer Carta Nummer 44: Die Brüder Ferrer Carta erbauten dieses Haus Ende des 18. Jahrhunderts. Auf der Front hat einen verglasten Doppelbalkon, der sich über das dritte und vierte Stockwerk erstreckt.

Casa Ferrer Nummer 45: Das Wohnhaus des mallorquinischen Händlers Raimundo Ferrer wurde zwischen 1770 und 1780 erbaut und verfügt über einen Doppelbalkon, der über die gesamte Fassade verläuft. Er ist auf der unteren Ebene mit Glasscheiben versehen und auf der oberen offen.

Casa Ferrer Martínez Nummer 46: Im späten 18. Jahrhundert erbaute Pater Antonio Ferrer Martínez dieses Haus, das einen Doppelbalkon besitzt. Die untere Ebene des Balkons ist offen und erstreckt sich über die gesamte Fassade, die obere Ebene ist mittig angelegt, geschlossen und verglast.

Sie gehen zurück zur Haupteinkaufsstraße, der Sie weiter nach rechts folgen, bis Sie zur kreuzenden Calle Baltasar Martín kommen. Hier gehen Sie nach links und nehmen die erste Straße, die Calle San

José, rechts. Auf der linken Seite sehen Sie die **Plaza de San Francisco [17]** mit der gleichnamigen Kirche **Paroquia de San Francisco [18]** und das Inselmuseum **Museo Insular [19]**. Im Jahr 1508 gründete der Franziskanerorden das Kloster Real Convento de la Inmaculada Concepción, das Kloster der unbefleckten Empfängnis, und legte den davor gelegen Platz, die Plaza de San Francisco, als ebene Fläche an. Hier fanden in den darauffolgenden 500 Jahren, bis zur Enteignung der Kirche im 19. Jahrhundert, die wichtigsten religiösen Feiern innerhalb des Klostergeländes statt. Ein aus Stein gehauener Brunnen, der sich ursprünglich im unteren Kreuzgang des Klosters befand, wurde mit einem Baum bepflanzt und prägt das Erscheinungsbild der Plaza. Das imposante Kloster wurde in ein Museum umgewandelt.

Die Hauptfassade des Klosters zeigt oberhalb des Portals die Replik einer vertikalen Sonnenuhr, die der irische Kaufmann Teobaldo MacGhee um 1721 auf eigene Kosten anfertigen lies.

Zwischen der Kirche und dem Kloster ragt der Glockenturm über eine massive Verkleidung aus Lavasteinen, die 1799 fertig gestellt wurde. Im Erdgeschoss links befindet sich das Eingangstor des Klosters, das die Vorkammer mit der Kapelle des Ehrwürdigen Dritten Ordens verbindet.

Die Franziskanermönche, die Alonso Fernández de Lugo bei der Eroberung der Insel begleiteten begannen, nachdem sie 15 Jahre in Strohhütten gelebt hatten, im Jahre 1508 auf ausdrücklichen Wunsch der Königin Juana mit der Errichtung eines Klosters, des Vierten ihres Ordens auf den kanarischen Inseln. Das Wappenschild Kastiliens, das im Hauptportal zu sehen ist, weist auf die königliche Schirmherrschaft hin. Die 1540 errichtete Kapelle, die Capilla de Monterrat, mit ihrem Steinbogen und der geschnitzten Kassettendecke zählt zu den frühsten Ausdrücken der Renaissancekunst auf den Kanaren.

Vom Eingang unter dem Glockenturm führt ein Gang zum Raum indem die Eintrittstickets gekauft werden müssen. Dieser diente damals als Pförtnerloge und war so gesehen, der Filter zwischen der urbanen Welt und dem Kloster. Mit einer kleinen Glocke konnten die Mönche gerufen werden, um nach Empfehlungen zu fragen und die Armen kamen zu ihnen, um nach Essen zu fragen.

Ausführliche Schautafeln auf Deutsch führen durch den gesamten Komplex, das neben einer naturkundlichen und navalen Ausstellung auch Kunstwerke präsentiert. In der angeschlossenen Bibliothek José Pérez Vidal liegen antike Bände und Aufzeichnungen aus. Sehenswert ist auch der alte Innenhof, der mit Orangenbäumen u.a. von der spanischen Königin Sofia und dem ehemaligen Bundespräsidenten

Richard von Weizsäcker gepflanzt wurden. ☺ Mo-Fr 9.30-19 Uhr, Sa 10-13 Uhr, ⚱ Erwachsene: €4,00, Kinder unter 18 Jahren frei. Senioren ab 65 Jahren (mit Ausweis) frei. Feiertags geschlossen, letzter Einlass 1 Stunde vor Schließung.

Sie folgen dem Straßenverlauf der Calle San Francisco und kommen auf der rechten Seite auf die **Plazuela De La Cruz Del Tecero [20]**. Zwischen zwei Palmen steht das nach seiner Eroberung im Jahr 1493 von Alonso Fernández de Lugo aufgestellte Kreuz. Es symbolisiert die am 03. Mai jenes Jahres erfolgte Gründung der Stadt. Zu den jährlichen Gründungsfeiern im Mai wird das Kreuz mit Stoffen, Schmuck und Blumen verziert. Daneben schließt erhöht die **Plaza de La Alameda [21]** an. Der Platz wird von 8 großen indischen Lorbeerbäumen umrandet und ist ein beliebter Treff bei Einheimischen. Das Zentrum bildet ein achteckiger Kiosk aus dem 19. Jahrhundert, der mit aufgestellten Tischen und Stühlen zum Verweilen einlädt.

Hinter dem Kiosk, Richtung Kolumbusschiff, entdecken Sie eine Zwergen Skulptur mit Napoleon Hut, die als Inselsymbol und Schlüsselfigur der Eigenheiten und Vorlieben der Bevölkerung steht. Nähere Einzelheiten zu diesem Kult finden Sie im Interpretationszentrum Virgen de La Bajada [2]. Nun kommen Sie automatisch auf das **Museo Naval- Barco De La Virgen [22]** zu. Das Schiff ist ein exakter Nachbau der Santa Maria, der Karavelle mit der Christoph Kolumbus 1492 von La Palma aufbrach, um die Neue Welt zu entdecken. Im Innenbereich birgt es das Marinemuseum mit einer Sammlung aus Seekarten, Modellen, Dokumenten und Konstruktionsplänen. In der zweiten Etage befindet sich die Kajüte des berühmten Seefahrers, auf der Brücke des obersten Decks erleben Sie das Gefühl aktiv an der Entdeckung Amerikas teilgenommen zu haben. ☺ Mo-Fr 10-18 Uhr, Sa+So 10-14 Uhr, ⚱ Erwachsene € 4,50, Rentner + 65, gegen Vorlage des Ausweises € 3,50, Kinder unter 12 Jahren frei

Optional führt der ausgeschilderte Weg hinter dem Kolumbusschiff zum **Castillo de La Virgen [23]** und zur **Plaza y Iglesia de la Encarnación [24]**. Hinter dem Kolumbusschiff wird der Weg zum Castillo De La Virgen ausgewiesen. Nach einem Zebrastreifen und über einen Barranco, einem natürlichem Talbett, durch das Wasser bei extremen Regenfällen ins Meer geleitet wird, geht es bergauf zum Castillo de la Virgen. Der Zugang erfolgt links am Gebäude vorbei.

Plaza E Iglesia De La Encarnación: Oberhalb des rosafarbenen Gebäudes in dem sich das Cabildo Insular, die Inselregierung befindet, führt die Straße Cuesta La Encarnación zur Plaza und Iglesia De La Encarnación. Der Platz wird durch 10 große, indische

Lorbeerbäume dominiert, und bietet zur Meerseite hin einen beeindruckenden Ausblick über die Stadt.

Auf der rechten Seite liegt die Iglesia. Sie ist das erste nach der Eroberung im Jahr 1493 errichtete Gotteshaus in Santa Cruz und das zweitälteste der Insel, um das die ersten Wohnhäuser der entstehenden Stadt gebaut wurden. Im Jahr 1553 wurde sie nach einem Piratenüberfall geplündert, blieb jedoch von einem Brand verschont. Von Interesse sind die flämischen Werke der Jungfrau der Inkarnation und des Erzengels Gabriel aus den Jahren 1522 und 1532, die jedoch nur zu Messezeiten, wenn die Kirche geöffnet ist, angesehen werden können.

Für den weiteren Rundgang folgen Sie hinter dem Kolumbusschiff der Avenida de Las Nieves nach rechts Richtung Meer und befinden sich bereits auf dem **Rückweg zum Schiffsanleger**. Nun gehen Sie nach rechts auf die **Avenida Marítima**. Auf der rechten Seite kommen Sie am **Castillo de Santa Catalina [25]** vorbei. Die Festung war eine Verteidigungsstation, die von 1683 bis 1692 errichtet wurde nachdem die bereits existierende Anlage von der Seeseite durch Piraten zerstört wurde. Sie erhielt ihren Namen durch die Nähe zur ehemaligen Wallfahrtskirche Santa Catalina de Alejandria. Der Torbogen auf der Eingangsseite ist mit dem Emblem der Heiligen Drei Könige geschmückt. Der Grundriss ist viereckig und weist vier Wehrtürme auf jeder Ecke auf. Das Castillo befindet sich in Privatbesitz und wurde 1951 zum historisch- künstlerischen Erbe erklärt. Vom hier genießen Sie einen wunderbaren Blick auf den Stadtstrand bis hin zu den vorgelagerten Inseln Teneriffa und La Gomera. ①(Vorderseite: Avenida Marítima/ Eingangsseite: rechts in die Calle Méndez Cabezola und dann rechts in die Calle del Catillete).

Ab hier beginnt auf der linken Seite der Stadtstrand, die **Playa del Malecón [26]**. Der 550 m lange und bis zu 120 m tiefe dunkle Feinsandstrand zählt zu den größten der Insel und wurde 2014 für € 28 Mio. mit 700.000 cbm Sand aufgeschüttet. Dank der Strandwacht können Sie sicher im Meer baden gehen. Die folgen der Avenida Marítima und sehen bereits vom Weiten Ihr Schiff.

18 Übersichtskarte San Sebastián de La Gomera

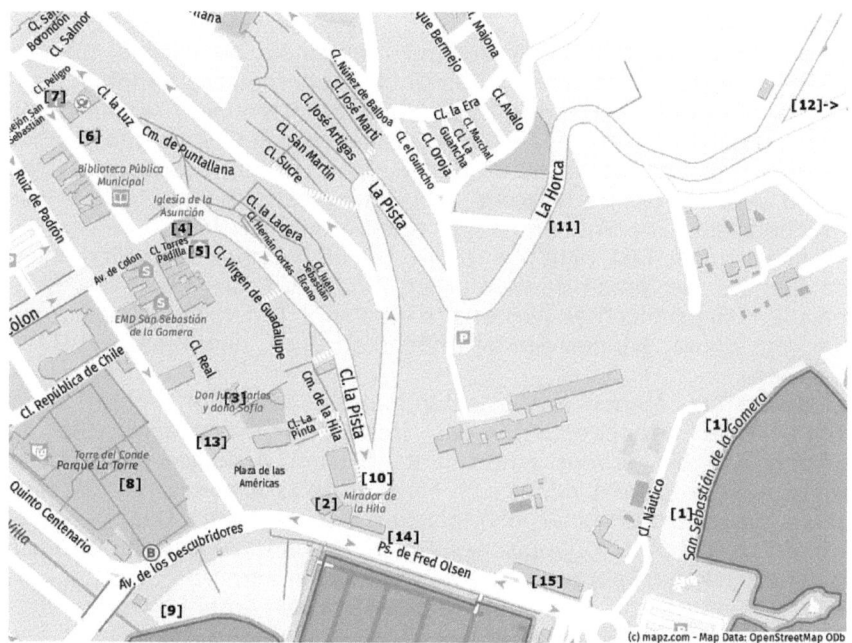

(c) mapz.com - Map Data: OpenStreetMap ODb

19 Willkommen in der Hauptstadt San Sebastián de La Gomera!

Sie sind jetzt im Hafen auf der 6. größten Insel mit 370 qkm vor Anker gegangen. Insgesamt hat La Gomera 21.500 Einwohner, von denen 9.000 in der Hauptstadt leben.

Die Insel entstand vor über 11 Millionen Jahren aus dem Meer und verzeichnet im Gegensatz zu den anderen Kanarischen Inseln seit 2 Millionen Jahren keine Vulkanausbrüche mehr. Bemerkenswert sind die beeindruckenden Steilküsten mit den fantastischen Gesteinsformationen. Grün blühende Wolfsmilchgewächse verleihen der Insel ihr frisches Aussehen. Bekannt und berühmt wurde die Insel durch Christoph Kolumbus, der im Jahr 1492 auf La Gomera mit seinen Schiffen in San Sebastián ankerte, um für die Überfahrt nach Amerika alle Vorbereitungen zu treffen. Nach dieser aufregenden Zeit ist es ruhig um die Hauptstadt geworden.

Vom Kreuzfahrtschiff führt die blaue Linie auf dem Gehweg, sowie die Beschilderung Línea Azul/ Blue Line – Cruceros/ Cruises zum Stadtzentrum.

Auf der linken Seite befindet sich der Anleger für die Fähren, die von Teneriffa nach La Gomera in 50 Minuten übersetzen, daneben liegt der Jachthafen. Am Ende des Fährhafenterminals kommt ein Kreisverkehr, der zu den ersten Sehenswürdigkeiten führt. Hier gehen Sie geradeaus, in die Calle Náutico mit dem ausgeschilderten Strand **Playa de la Cueva [1]**. In dieser Bucht treffen Sie umgehend auf eine Sonnenuhr, die aus Beton gefertigt wurde und die aktuelle Uhrzeit fast richtig anzeigt. Davor befinden sich Sitzbänke, von denen Sie einen fantastischen Blick auf die Insel Teneriffa genießen. Bei schlechter Wetterlage erscheint Teneriffa nur im Dunst, aber fast immer können Sie den höchsten Berg, den Teide mit 3718 m, sehen.

Im Mittelpunkt stehen 2 Aussichtspunkte, die auf der rechten Seite liegen. Über Treppenstufen der Vulkanfelsen gelangen Sie zu Plattformen, die erneut einen fantastischen Ausblick bieten. Der zweite Aussichtspunkt nennt sich Mirador de la Antorcha, auf dessen Spitze die Skulptur einer olympischen Fackel steht. Das Denkmal erinnert an die XIX. Olympischen Spiele im Jahr 1968 in Mexiko, an denen ein lokaler Sportler teilnahm. Die Fackel kam von Griechenland nach La Gomera und ging auf dem Seeweg nach Amerika weiter.

Die Badebucht der Playa de la Cueva ist 300 m lang, 60 m breit und hat einen schwarzen, feinsandigen Strand, der im Saum mit kleinen Kieseln untersetzt ist. Durch einen künstlich angelegten Wellenbrecher ist das Baden möglich, jedoch handelt es sich um einen unbewachten Strand ohne Rettungsschwimmer.

Auf dem Weg zum Stadtzentrum passieren Sie den kleinen Jachthafen, an dem Sie beobachten können, wie Einheimische mit altem Brot die dicken Fische füttern. Die blaue Linie endet an der Marina La Gomera. Sie gehen über den Zebrastreifen gehen dann nach links und kommen umgehend auf der Plaza de las Américas, die in die Plaza de la Constitución übergeht. Vorbei an dem kleinen Pavillon der Touristeninformation befinden Sie sich sofort auf der zentralen

Anlaufstelle der Insel. Auf der rechten Seite schmücken Fahnen das Ayuntamiento **[2]**, das Rathaus San Sebastiáns.

Die Hauptstraße, an der sich die Sehenswürdigkeiten befinden, liegt direkt neben dem großen ockerfarbenen Gebäude. Hier startet die **Calle Real**, die königliche Straße. Bedauerlicherweise sind fast alle Gebäude, bis auf die Kirchen geschlossen, sodass Sie nur den

Charme der Hauptstadt anhand der antiken Fassaden nachvollziehen können.

Auf der rechten Seite zur Plaza de la Constitución steht das **Casa de La Aduana [3]**- das Zollhaus, das damals als Gefängnis diente.

Genießen Sie das Flair dieser schönen Straße von San Sebastián mit den ältesten Häusern der Stadt. Sie stammen aus dem 18. Jahrhundert, sind ein- bis zweistöckig hoch und teilweise mit Holzbalkonen verziert. Als die Stadt noch nicht bis zum Hafen zugebaut war, ermöglichten diese Balkone den Kaufleuten die einlaufenden Handelsschiffe zu sehen, um ihre Geschäfte mit den Kapitänen vor der Konkurrenz so schnell wie möglich abzuwickeln.

Besonders interessant sind die Balkone, die komplett vergittert sind. Sie gehen auf arabische Einflüsse zurück und ermöglichten den Damen des Hauses unbeobachtet das Geschehen auf der Straße zu verfolgen ohne gesehen zu werden. Beachten Sie die auf der Straße eingelassen verzierten, runden Kanaldeckel. Sie erinnern an die Wichtigkeit des Seefahrers Christoph Kolumbus für die Insel. In den Deckeln ist eine Krone eingefasst, darunter befinden sich die 3 Kolumbus- Schiffe unter denen auf einer Borde „de aqui partió Colón"- „von hier startete Kolumbus", steht.

Sie folgen der Calle Real und treffen auf der rechten Seite auf die **Iglesia de La Asunción [4]**. Die Kirche Maria Himmelfahrt, ist die wichtigste Pfarrkirche der Hauptstadt und zugleich der bedeutendste Sakralbau der Insel. Am auffälligsten ist das spätgotische Hauptportal aus rotem Tuffstein, das ineinander verschlungenen Schiffstauen nachempfunden wurde. Im Jahr 1618 wurde die Iglesia durch Berberpiraten stark zerstört. Beim Wiederaufbau wurden 2 Seitenschiffe hinzugefügt. Dem Inneren sollten Sie ein besonderes Augenmerk schenken. Beeindruckend sind die geschnitzten Mudejár-Holzdecken aus kanarischem Kiefernholz, die wertvollen Kunstschätze und die 10 unterschiedlichen prachtvollen Altäre. Die größte Reform des Gebäudes erfolgte in der 2. Hälfte des 18. Jahrhunderts durch den Bau der Kapelle Capilla del Pilar im hinteren Teil des linken Seitenschiffs, die den Sieg der Inselbewohner über die Eindringlinge darstellt. Der große Wandteppich hält den Kampf der Gomeros gegen die Truppe des englischen Admirals Charles Windham im Jahr 1743 fest. Die Statue der Namensträgerin der Kirche, die Virgen de la Asunción, steht links neben dem Hauptaltar, stammt aus Sevilla und ist auf das 18. Jahrhundert datiert. ☯täglich

Das Archäologiemuseum **Museo Arquelogico de La Gomera [5]** befindet sich rechts neben der Kirche im hinteren Gebäudekomplex der Häuserreihe und ist im Casa de los Echevarría untergebracht. Im 18. Jahrhundert zählte die Familie Echevarría zum einflussreichsten

Adelsgeschlecht der Stadt, das durch das holzgeschnitzte Familienwappen an der ockergelben Fassade unterstrichen wird. Im kleinen renovierten Museum erfahren Sie, wie die Insel besiedelt wurde, die Bewohner lebten und welche religiösen Praktiken und Symbole sie benutzen. Des Weiteren wurde im Innenhof eine Ausgrabungsstätte detailgetreu nachgebaut und im Obergeschoss in einer Nische auf der linken Seite eine Grabstätte nachgestellt. ☯ Mo- Fr 9-14, 15-17 Uhr, Sa+ So geschlossen, ♨ €2,50, ➀ Aus statischen Gründen werden nur 25 Personen gleichzeitig im Museum zugelassen. Im Eingang werden Informationsmappen zur Ausstellung ausgehändigt.

Der Hauptstraße Calle Real folgend, befindet sich das **Casa de Colón [6]**, das Christoph Columbus Haus, indem er vor seinen Seereisen nach Amerika übernachtet hatte. Das kleine restaurierte Gebäude zeigt im Erdgeschoss eine kleine Sammlung von Tongefäßen, im Obergeschoss finden Wechselausstellungen statt. ☯ Mo- Fr 9.30- 13.30, 15- 17.30 Uhr, ♨ Eintritt frei, ⌂Calle Real, 56

Der Calle Real folgend, befindet sich die kleine schlichte Kirche **Ermita de San Sebastián [7]** direkt nach dem Correos Postgebäude auf der rechten Seite. Sie stammt aus dem 15. Jahrhundert und wurde nach wiederholten Piratenangriffen im 16. Jahrhundert neu errichtet, bis sie im Jahr 1674 ihr heutiges Aussehen erhielt. Im Mittelpunkt steht die heilige Statue des Stadtpatrons San Sebastián, dessen Körper von Pfeilen durchbohrt ist. ☯ täglich geöffnet, ⌂ Calle Real, Ecke San Sebastián

Sie gehen die Calle Real zurück und biegen nach der Pfarrkirche Iglesia de La Asunción rechts in die kleine Calle República de Chile ein. Auf der linken Seite sehen Sie die Parkanlage **Parque de la Torre del Conde [8]**, in dessen Mittelpunkt der **Torre del Conde**- der Turm des Grafens- steht. Er war eine Festung, die um 1450 erbaut wurde und ist die einzig vorhandene mittelalterliche Militärfestung auf den Kanaren und diente als Zufluchtsorts der Inselbewohner bei Piratenangriffen. Hier treffen sich die Gomeros tagsüber bis in die späten Abendstunden, um mit Kind und Kegel auszuspannen. Seitlich des Turms und im Park verteilt, befinden sich Noria- Wasserschöpfbrunnen, die von Eseln in Gang gesetzt wurden, um Wasser aus Brunnen zu fördern.

Wenn Sie es noch nicht bemerkt haben, wurden in der gesamten Stadt Flammenbäume angepflanzt, die auch ringsherum um den Turm stehen. Wunderschöne Bäume, die in der Krone Farnblätter tragen, im Sommer rot blühen und von denen in den kanarischen Wintermonaten nur noch braune, lange Schoten zu sehen sind.

Im unteren Teil des Parks treten Sie nun Richtung Meer aus, kommen auf die Hauptstraße Avenida de los Descubridores und sehen die **Playa de San Sabastián [9]**. Mit einer Länge von 1km ist es der schönste Strand der Insel, der zudem mit der blauen Flagge ausgezeichnet wurde. Der schwarze feinsandige Strand verfügt über kostenlose Sonnenschirme und eignet sich perfekt um auszuspannen. Das Meer wird durch einen Wellenbrecher geteilt, der noch ruhige und sichere Strandabschnitt befindet sich jedoch entlang der Promenade, im hinteren Teil der Bucht. Von hier können Sie auch direkt auf Ihr Kreuzfahrtschiff sehen. Hier
endet der Rundgang durch die Hauptstadt. Über die Promenade gelangen Sie wieder direkt zum Schiff zurück.
Optional erreichen Sie auch in 40 Fuß Minuten und nach insgesamt 1,7 km den Aussichtspunkt **Mirador de la Hila [10]**, die Gofiomühle **Molina de Gofio [11]**, und den Leuchtturm **Faro de San Cristóbal [12]**.
Entdecken Sie schöne Aussichten über San Sebastián und blicken Sie vom Plateau des Leuchtturms über der Stadt auf Ihr Kreuzfahrtschiff: Hierzu biegen Sie von der Hauptstraße Paseo Fred Olsen, rechts in die Straße Plaza de las Americas ein, in der sich auf der rechten Seite das von Fahnen geschmückte Rathaus Ayuntamiento befindet. Von hier folgen Sie der Straße, die dann Calle Virgen de Guadalupe heißt.
Nun gehen Sie in die 2. Gasse vor der Pizzeria Agando in die Calle de la Pinta rein. Von hier gelangen Sie über die bergaufführenden Treppen auf die Calle de la Pista, und folgen dem ansteigenden Straßenverlauf nach rechts. Kurz vor der nächst ansteigenden Linkskurve liegt der Mirador de la Hila. Die Aussichtsplattform bietet einen tollen Blick über den Jachthafen bis zum Hauptstrand Playa de San Sebastián. Sie folgen aufwärts dem Straßenverlauf und gelangen zum Parador de La Gomera, dem einzigen 4- Sterne Hotel der Insel.
Vor dem Parador folgen Sie erneut dem Straßenverlauf und sehen auf der rechten Seite eine alte Mühle, die eigentlich wie ein Windrad aussieht.
Hierbei handelt es sich um eine Gofiomühle aus dem Jahr 1913. Das Anwesen ist im privaten Besitz, sodass Sie lediglich ein Foto machen können. Im 19. Jahrhundert wurde diese Art von Mühle entwickelt, die erstmals ermöglichte, dass das Getreide, ohne es mühsam über Treppen hochzutragen, zu mahlen.
Die Straße führt im Verlauf am Cementerio, dem Friedhof der Stadt vorbei. Kurz danach gabelt sich die Straße und Sie nehmen den Abzweig nach rechts, in den Camino del Faro. Von hier sieht man bereits den rot- weiß Leuchtturm.

Am ehemaligen Haus des Leuchtturmwärters steht der damalige kleine Leuchtturm, der im Jahr 1976 durch den neunen, automatisch betriebenen und höheren Turm ersetzt wurde.

Links davon führt ein Trampelpfad am Turm vorbei, dem Sie dann nach rechts folgen, um am alten Leuchtturmhaus vorbeizukommen. Kurz danach befindet sich ein unbefestigtes Plateau, von dem Sie eine unglaubliche Aussicht über die Küste bis hin zum Kreuzfahrtschiff genießen können. ①Als Autorin möchte ich immer wieder darauf hinweisen, dass die meisten Unfälle auf den Kanarischen Inseln von unachtsamen Urlaubern passieren. Klettern Sie bitte nicht auf ungesicherte Vulkanberge und gehen Sie bitte nicht an unbeaufsichtigten Stränden baden.

Noch mehr Lust auf Schiff?

Wenn Sie Lust auf eine Schifffahrt in das Valle Gran Rey haben, in dem das Flair der Hippiezeit und ein Hauch von Flower-Power erhalten geblieben ist, können Sie mit dem Fred Olsen Express ein Fährtticket buchen. Direkt von Hafen in San Sebastián kommen Sie in 70 Minuten entlang der Steilküste, über die Playa de Santiago, nach Valle Gran Rey. Hier haben Sie die Möglich durch die kleine Stadt zu schlendern, Essen zu gehen oder zu baden. Der kleine dunkle Sandstrand **Playa de Vueltas** liegt in der Nähe des Anlegers, die Promenade führt Sie entlang der Küste zum Steinstrand **Playa de La Puntilla**. Hier thront die übergroße Bronzestatue des Ureinwohners Hautacuperche. Er wird heute noch von den Gomeros verehrt, da er im Jahr 1488 die Rebellion gegen den verhassten spanischen Inselherrscher Fernán Peraza el Joven anführte und durch eine Pfeilspitze seiner Gegner getötet wurde.

Tickets online unter **www.fredolsen.es**

Auf der spanisch/ englischen Seite klicken Sie unter Origin und Destination- La Gomera an, dann unter Origin- Harbour **San.S. de La Gomera** und unter Destination- Harbour **Valle Gran Rey** an. Die Online Buchung ist günstiger, als der Ticketkauf am Schalter im Anlegeterminal, das sich auf der rechten Seite am Ausgang ihres Schiffes befindet. Onlinepreis für Hin- und Zurück, mindestens 1 Tag vor Abfahrt: Erwachsene 20,00 €, Kinder von 4-11 Jahren 12,00 €.

Kaufen Sie die Karten am Schalter beträgt der Preis pro Erwachsener 28,00 €, für Kinder 16,00 €. ① **Bitte beachten Sie, dass Sie ihren Personalausweis oder Reisepass mitnehmen und vorzeigen müssen.**

Abfahrt: San Sebastián 10.15 Uhr an Valle Gran Rey 11.25 Uhr
Rückfahrt: Valle Gran Rey 15.30 Uhr an San Sebastián 16.40 Uhr

<u>Zuletzt möchte ich Ihnen einen Tipp für inseltypische Leckereien und Souvenirs geben.</u>

Lecker frisches inseltypisches Gebäck und Kekse finden Sie in der **Dulcería Mendoza [13]** in der Parallelstraße zur Hauptstraße, der Calle Ruiz de Padrón.

Auch typisch für Gomera sind die **Papas locas**, Pommes mit Mayonnaise, Senf und Ketchup. Die Soßen werden wie ein Gitternetz über die Pommes gegossen, die dann pur auch wahlweise mit gezupftem Hähnchen- oder Rindfleisch serviert werden.

Probieren sollten Sie auch einen **Barraquito**, einen geschichteten Kaffee aus süßer Kondensmilch, Espresso, Milchkaffe und Milchschaum, der wahlweise auch mit Likör serviert wird. Besonders lecker und günstig sind diese im **Pub El Muelle [14]**, der sich gegenüber der Marina La Gomera, an der die blaue Linie für die Kreuzfahrtschiffe endet, auf der gegenüberliegenden Straßenseite befindet.

Die größte Auswahl an Mitbringsel zum besten Preis finden Sie im **Laurisilva [15]**, das sich direkt gegenüber dem Jachthafen befindet. Neben den üblichen Souvenirs finden Sie Kleidung, Taschen, Aloe Vera- Produkte, Marmeladen, Weine, Schmuck, Mojo- Soßen, Zigarren und vieles mehr.

20 Allgemeine Informationen Kanaren

Apotheken

- Apotheken gibt es in allen größeren Ortschaften. Im Gegensatz zu Deutschland bekommt man sehr viele Medikamente hier auch rezeptfrei und deutlich günstiger.

Badesicherheit

- Jedes Jahr sterben auf den Kanaren Menschen beim Baden! Beachten Sie unbedingt, der Atlantik ist in den kanarischen Gewässern äußerst gefährlich. Starke Strömungen, Unterströmungen und plötzlich auftretende Wellen mit starker Sogwirkung sind keine Seltenheit. Selbst erfahrene Profischwimmer haben bereits durch Unachtsamkeit ihr Leben verloren. Sobald die rote Flagge gehisst wird, gilt absolutes Badeverbot. Gehen Sie auf keinen Fall ins Wasser, nur weil da schon ein paar Leute drin baden. Bei gelber Flagge wird bereits empfohlen sich nur im strandnahen Bereich aufzuhalten. Wenn Sie Zeuge eines Badeunfalls werden, dann schwimmen Sie auf keinen Fall hinterher. Informieren sie wenn vorhanden die Standaufsicht an den bewachten

Badestränden, ansonsten rufen Sie 112 an. Sie können den Vorfall auch in Deutsch melden.

Banken und Geld

- In allen größeren Ortschaften gibt es Banken bzw. Bankautomaten. Bei Abhebung mit einer Geldkarte fallen allerdings teilweise hohe Gebühren wie überall im Ausland an. Am besten haben Sie ein kleinen Vorrat an Bargeld mit dabei und zahlen allen weitern Beträge mit einer Kreditkarte.

Bus / Öffentlicher Verkehr

- Die öffentlichen Busse auf den Kanaren werden Guaguas genannt und verkehren regelmäßig zwischen allen größeren Ortschaften. Die Abfahrtszeiten finden Sie direkt an den Bushaltestellen (Paradas). Busfahrten sind auf den Kanaren recht günstig.

Diebstahl

- Die Quote von Verbrechen ist auf den Kanaren sehr gering, aber natürlich gibt es auch hier „schlimme Finger". Lassen Sie daher bitte nichts von Wert offen und sichtbar liegen. Im Falle eines Diebstahls / Verbrechens können Sie mit 112 direkt die Polizei anrufen. Um später die Ansprüche bei ihrer Versicherung geltend machen zu können, lassen Sie sich unbedingt ein Polizeiprotokoll ausstellen.

Einkaufen und Geschäftszeiten

- Auf den Kanaren gibt es keine festen Ladenöffnungszeiten. In touristischen Gebieten sind die Geschäfte oft durchgehend von morgens bis abends geöffnet. Auch sonntags haben diese Läden auf. In normalen Wohngebieten bzw. Großstädten gibt es oft die klassische Mittagspause zwischen 13-17 Uhr.

Feste und Feiertage

- Auf den kanarischen Inseln werden viele allgemeine und inseltypische Feste zelebriert. Auch einzelne Gemeinden auf jeder einzelnen Insel haben zusätzlich noch ihre lokalen Feste und Feiertage. Der Cannario feiert nun mal gerne. Im Gegensatz zu Deutschland werden Feiertage die auf ein Wochenende fallen an dem darauf folgenden Montag gefeiert. Es empfiehlt sich je nach Insel und Gemeinde vorher im Internet mal zu Googlen. Die Feste sind oft sehr interessant, da diese mit ursprünglicher Kleidung und höchst traditionell gefeiert werden.

Fotografieren

- Es gibt keine besondere zusätzliche Regelungen, wie aber überall auf der Welt sollten sie Polizei oder Bereiche des

Militärs nicht filmen / aufnehmen. Ansonsten heißt es gerne beim fotografieren „Feuer frei".

Gottesdienste / Messen

- Die kanarische Bevölkerung ist zum aller größten Teil katholisch und es gibt fast im jeden Dorf eine Emitta, Kirche, etc. Die Öffnungszeiten sind jeweils an der Kirche ausgeschlagen, obligatorisch ist aber immer der Sonntagsgottesdienst zur Mittagszeit. Da viele baulich interessante Kirchen nur zu Messezeiten öffnen empfiehlt sich durchaus der Besuch einer Messe.

Mietwagen

- Auf den Kanaren sind Mietwagen schon für einen günstigen Preis zu erhalten. Im jeden Hafen, am Flughafen und auch in allen touristischen Orten gibt es Vermietstationen. Eine Reservierung ist auch bereits vorher über das Internet möglich.

Notfälle

- Die allgemeine Notfallnummer ist die 112 ohne Vorwahl! Hier spricht man auch Deutsch. Wenden Sie sich auch direkt an die Schiffsrezeption, dort sind Nummern von Ärzten, Botschaften, etc. bekannt.

Öffnungszeiten

- In den touristisch erschlossenen Gebieten, sind de Läden meist 7 Tage die Woche von morgens bis abends geöffnet. Auf den Kanaren existiert aber immer noch die klassische Siesta, so dass Geschäfte von 13-17 Uhr geschlossen haben. Da kein Ladenöffnungszeitengesetz wie in Deutschland existiert, werden sie immer einen Platz zum einkaufen und verweilen finden.

Sonne

- Achtung. Die Kanaren liegen nicht weit entfernt vom Äquator, so dass selbst im Dezember / Januar UV Werte erreicht werden, die in Deutschland nur im Sommer vorkommen. Lassen sie sich auf keine Fall von der Bewölkung am Himmel täuschen. Je nach Hauttyp empfiehlt sich also sowohl beim Landgang, wie auch auf dem Schiff Sonnencreme zu benutzen.

Zeitdifferenz

- Die Kanaren liegen in der westeuropäischen Zeitzone (auch Greenwich Mean Time bzw. GMT), während das spanische Festland oder auch Deutschland zur mitteleuropäischen Zeitzone gerechnet werden. Das bedeutet eine Stunde Zeitunterschied. Ist es in Deutschland beispielsweise 10.00

Uhr am Morgen, so zeigt die Uhr auf den Kanarischen Inseln 9.00 Uhr an

Zoll

- Die Kanaren gehören politisch zur EU, aber haben seit Beitritt 1983 bis heute ihren Sonder (Zoll)status beibehalten. Die Mehrwehrsteuersätze und sonstigen Steuersätze sind geringer, dies führt aber auch dazu, dass die erlaubten zollfreien Einfuhrmengen nach Deutschland deutlich niedriger Ausfallen als gewohnt bzw. so wie eine Einreise aus dem EU Ausland behandelt werden. Da sich die deutschen Zöllner dieser Sache sehr bewusst sind, sind Kontrollen bei der Rückreise Wahrscheinlich und können bei Überschreitung der Freimengen zu hohen Strafen führen. Empfehlung: halten Sie sich unbedingt an die erlaubten Einfuhrfreimengen. Den aktuellsten Stand können Sie über https://www.zoll.de/DE/Privatpersonen/Reisen/reisen_node.html erfahren.

21 Stichwortverzeichnis